Vorwort

Bei *Erwachsene Neulinge erobern die Schrift* handelt es sich um ein kombiniertes Lehr- **und** Arbeitsbuch sowie Lehrerhandbuch. Es ist in ein Projekt mit geplanten Folgebänden eingebunden und stellt innerhalb dieser Abfolge den Basisband (ersten Band) dar. Es ist sowohl für die Lehrperson als auch für die Lernenden konzipiert und dem Autodidakten ebenso dienlich wie der Kursarbeit. Der Lehrkraft wird mit diesem Lehrwerk viel Planungs- und Formulierungsaufwand abgenommen. Zugleich bietet die Konzeption den Lernenden[1] ein hohes Maß an Transparenz: Ihnen wird nichts vorenthalten, was nur der Lehrer erfährt, sondern die Formulierungen, die ebenso von Familienmitgliedern oder der Begleit-CD vorgelesen werden können, wenden sich direkt an sie.
Für Informationen zur CD, zu geplanten Folgebänden und zu Zusatzmaterial z.B. in Form von Lexikübungen haben wir eine Homepage für Sie eingerichtet: http://www.alpha-basis-projekt.de

1 Zielgruppe

Das Buch wendet sich an lese- und schreibunkundige Erwachsene und Jugendliche mit Deutschkenntnissen. Es ist nicht als Deutschlehrbuch gedacht, spricht aber neben deutschen Muttersprachlern explizit Menschen mit Migrationshintergrund an, die bereits über mündliche Deutschkenntnisse verfügen.

Bezogen auf ein institutionelles Lehr- und Lernumfeld ist das Buch etwa für Kurse der Grundbildung (Deutsch für Deutsche), für DaF-Kurse auf dem Niveau A2/Alphabetisierung sowie für integrative Kurse, in denen beide Gruppen gemeinsam unterrichtet werden, konzipiert. Zudem eignet es sich als unterstützendes Material für Integrationskurse. Das Buch kann allerdings auch außerhalb dieses institutionellen Bezugsrahmens Anwendung finden: Selbstlerner können sich beispielsweise mit Hilfe der CD bzw. im lesekundigen Familienumfeld oder innerhalb von Organisationen, die sich im Bereich Migration engagieren, den Lehrstoff erarbeiten.

Am Ende des vorliegenden ersten Bandes werden die Lernenden grundsätzlich in der Lage sein, die gebräuchlichsten Laute und Buchstaben einander zuzuordnen und ähnliche voneinander zu unterscheiden, Wörter zu durchgliedern sowie Satz- und Textstrukturen zu durchschauen. Außerdem werden sie befähigt sein, ihrer schriftsprachlichen Umwelt Informationen zu entnehmen und Auskünfte über sich zu verfassen. Beispielsweise können sie Schilder, Überschriften, Bahnstationen, Inhaltsstoffe, schriftliche Aufforderungen u.v.a. erlesen. Obwohl orthographische Probleme in diesem Buch bewusst ausgeklammert werden, können die Adressaten nach Beendigung der 7 Lektionen im Alltag auch den Sinn von Wörtern erfassen, die derartige Schwierigkeiten aufweisen. Dennoch handelt es sich immer noch um Lese- und Schreib-Anfänger, die aufgrund fehlender Routine vorerst weiterhin lediglich kurze und wenig komplexe Texte bewältigen können.

2. Aufbau und Systematik

2.1 Die zwei Säulen des Buches: die Verbindung von systematischer Alphabetisierung mit angebotsorientiertem Ansatz gekoppelt mit themenzentriertem Lernen

Mit diesem Alphabuch erfolgt der Versuch, eine systematische synthetische Alphabetisierung verbunden mit angebotsorientiertem Lernen zu realisieren. Die Systematik ermöglicht aufeinander aufbauende Lernschritte und -ziele und hilft, die deutsche Schriftsprache von ihrer Basis her begreifbar zu machen. Hierzu dient der Stufenmodell-Aufbau, der unter 2.3 erläutert wird. Nach diesem Modell steht die Erfassung der Wortdurchgliederung im Mittelpunkt des didaktischen Konzepts. So soll vermieden werden, dass die Lernenden lediglich Wörter auswendig lernen, sich also an optisch relevanten Signalen der Wörter orientieren. Damit die Lernenden möglichst früh Strukturen in der

---

[1] Der Einfachheit halber wird in diesem Buch in der Regel auf das ~~~ dressaten, Lernern, Schülern etc. die Rede ist. Selbstverständlich und ausdrü~~~ zeichnungen weibliche Lernende im selben Maße wie männliche.

Graphemik entdecken und überblicken können, beginnt das Buch mit relativ stark reduziertem Fördermaterial. Bewusst sind wir uns der Tatsache, dass dieses Vorgehen zu Beginn des Buches die Gefahr der „Verkindlichung" erwachsener Lerner implizieren könnte. Doch ein Verweis auf die Notwendigkeit, die elementaren Bausteine der deutschen Schriftsprache kennen zu lernen und zu begreifen, rechtfertigt unserer Meinung nach das Vorgehen. Aus eigenen Erfahrungen als Dozentinnen von Kursen für Erwachsene ist den Autorinnen im übrigen bekannt, wie sehr sich sowohl 18-Jährige als auch 60-Jährige durch einfache, aber phantasievolle und bebilderte Übungen angesprochen fühlen.

Im Laufe des Buches erfährt das Unterrichtsmaterial eine Erweiterung und bezieht Elemente aus einem eher angebotsorientierten Ansatz ein. Dieses kann allerdings erst im zweiten Teil geschehen, nachdem ein relativ sicheres Fundament erarbeitet wurde. Bei einem ausschließlich angebotsorientierten Ansatz mit freien Schreibanlässen zu Beginn des Buches hätte die Gefahr einer Überforderung bestanden. Bei unserem Vorgehen werden Schreibimpulse ebenfalls angeregt, doch sie richten sich am vertrauten Material aus.

Als einheitsstiftendes Element, das den angebotsorientierten Ansatz und die systematisch-synthetische Methode bündelt, fungiert das dargebotene themenzentrierte Lernen. Die Themenzentrierung soll die Motivation der Lernenden erhöhen und erfahrbar machen, dass die Vermittlung der Schriftsprache nicht als Selbstzweck erfolgt, sondern die Ausübung neuer sozialer Funktionen ermöglicht. Schriftbeherrschung heißt einerseits, selbständig Informationen zu erfassen, Gebrauchsanweisungen und Hinweisschilder im Alltag zu verstehen, Behördenpost zu begreifen und andererseits Wissen auf Papier zu speichern, Interessen und Vorlieben zur Festigung von Beziehungen schriftlich auszutauschen, Bewerbungen zu schreiben, Postkarten zu verfassen und Kontakte aufrecht zu erhalten, literarische Anliegen umzusetzen, Geschichten zu erzählen, Beschwerden zu schreiben, Informationen anzufordern, Leserbriefe zu schreiben etc.

Gerade die Lesetexte im letzten Viertel des Buches bieten dem Unterrichtsstand angepasste Informationsquellen, die sich als gebrauchsorientiert definieren lassen (wie beispielsweise das Erlesen eines fiktiven Fernsehprogramms oder eines fiktiven Stadtplans). Es wurde zum einen Wert darauf gelegt, möglichst Wörter und Themengebiete zu präsentieren, die an den Alltag bzw. die Alltagssprache einer möglichst breiten Masse angelehnt sind. So können Lernerfolge im alltäglichem Leben sogleich außerhalb des Unterrichts erlebt werden. Zum anderen besteht die Idee des Alpha-Basis-Projektes aber gerade darin, die Adressaten nicht zum Auswendiglernen zu verführen. Daher sollen sie auch viele Wörter erlesen, die nicht unbedingt alltagssprachlich sind, die aber der zugrundeliegenden Systematik dieses Buches entsprechen und dafür sorgen, dass später nicht nur häufig vorkommende Wörter erkannt, sondern alle Wörter entziffert werden können.

2.2 Balance des Lesens und Schreibens

Lese- und Schreibanteile sollen sich in diesem Buch möglichst die Waage halten. Schon früh werden einfache Satzkonstruktionen vorgestellt und diktiert. Die Lese- und Schreibübungen bieten eine große Variationsbreite. Neben klassischen Übungen, bei denen Wörter diktiert oder gelesen, Buchstaben eingesetzt, erste Sätze gelesen und Fragen beantwortet werden, gibt es Rätsel, die die Möglichkeit bieten, Gelerntes zu überprüfen; Übungen, die authentische Schreibanlässe nachbilden und Aufgaben, bei denen frei geschrieben wird. Auf Rechtschreibprobleme jeglicher Art (Dehnung, Dopplung etc.) wird in diesem Buch in Lese- und Schreibaufgaben weitestgehend verzichtet. Der verwendete Sprachschatz ist bis auf wenige Ausnahmen lautgetreu. Buchstaben und Buchstabenfolgen, die doppeldeutig bzw. nicht genuin lautgetreu sind, wie z.B. „ß" oder „äu", werden zwar in Texten punktuell aufgenommen, aber nicht weiter thematisiert. Ganz elementar ist es, dass die Lehrenden die Buchstaben lautieren, also stets die Laute benennen und dass sie auch die Lernenden dazu veranlassen, damit diese Vertrautheit mit der Laut-Buchstaben-Zuordnung erreichen.

2.3 Stufenmodell-Aufbau

Nachdem in Lektion 1 die Laute in ihrer orthographischen Form vorgestellt wurden und dort auf die Unterschiede zwischen Vokalen und Konsonanten hingewiesen wurde, wird ab Lektion 2 die Silbensynthese thematisiert und eingeübt. Wir legen Wert auf den Einsatz des Silbenbogens, da die Silbe, deren Zusammensetzung je nach Sprache besonderen Lautgesetzen folgt, in der Linguistik als elementare, im Hirn verankerte Organisationseinheit zwischen Einzellaut und Wort erkannt wurde. In Lektion 2 sind einfache Konsonant-Vokal-Struktur-Wörter zu finden, die meist zweisilbig sind. Ihre Kürze sowie der regelmäßige Konsonant-Vokal-Wechsel ermöglichen eine zügige Absorption graphemischer Regelmäßigkeit. Erst in Lektion 3 werden die Wörter dieses Schemas planmäßig um eine bzw. zwei Silben verlängert. Im Mittelpunkt von Lektion 4 steht sodann die Einführung in die Konsonantenhäufung, die den Lernenden abverlangt, das gewohnte K-V-K-V-Schema zu flexibilisieren. In Lektion 5 wird das neue Schema, laut welchem zahlreiche (aber nicht alle) Konsonantenhäufungen zulässig sind, vertieft.

Lektion 6 widmet sich dem Problem der Lautähnlichkeiten. In 6.1 wird die Differenzierung ähnlich klingender Konsonanten, die für die Wahl des korrekten Buchstabens erforderlich ist, eingeübt. Anders als z.B. im Englischen liegt der systematische Zugang über die Laut-Buchstaben-Beziehung im Deutschen relativ nahe. Aber hier wie dort muss dem Neuling vermittelt werden, dass viele Vokale unterschiedliche Lautwerte besitzen. Im Englischen, das man mittlerweile trotz der Härten seiner Graphemik ebenfalls über den Zwischenschritt eines systematischen Laut-Buchstaben-Teils lehrt, weil es inzwischen als ausgemacht gilt, dass auch die Vermittlung der englischen Schrift damit insgesamt besser fährt, setzt man neuerdings eine lautierungsnahe Interimsschreibung ein. Ein so genanntes *Initial Teaching Alphabet (ITA)* macht die Phoneme des Englischen transparent und ordnet einem jeden ein Schriftzeichen zu.[2] „Natürlich muss dann der Übergang zwischen dieser Interimsschreibung und der orthographischen Norm vermittelt werden, aber das ist offenbar nicht so schwer, wie man es sich vorstellen mag."[3] Aus diesem Grund verfahren wir in Lektion 6.2, in der die Lernenden mit den unterschiedlichen Lautwerten deutscher Vokale konfrontiert werden, vergleichbar: Um für jeden Laut ein sichtbar anderes Zeichen vor Augen zu haben, wird in diesem Kapitel auf die Zeichen der internationalen Lautschrift verwiesen.

Die Lektion 7 besteht hauptsächlich aus Übungen, in denen das bisher Gelernte anzuwenden ist. Ein Abschlusstest beendet das Buch. Er soll Aufschluss darüber geben, ob die Lernenden für das folgende Niveau bereit sind oder ob ihnen Wiederholungen zu empfehlen sind.

Wir wählen den vorgestellten Aufbau, da die anfänglichen einfachen Konsonant-Vokal-Struktur-Wörter den Lernenden am ehesten die Möglichkeit geben, Wörter zu durchgliedern. Die explizite Arbeit an und mit der Silbe soll verdeutlichen, dass Laute miteinander in Verbindung stehen und vor allem in dieser Verbindung ihre beim Sprechen wahrnehmbare Färbung annehmen. Die Silbe erscheint als operative Einheit eines Wortes und als geeignetes Mittel, um die Aufmerksamkeit der Lernenden gezielt auf die artikulatorische Gliederung der gesprochenen Wörter zu lenken. „In diese müssen sie sich einarbeiten, um Fortschritte auf dem Gebiet der alphabetischen Strategie machen zu können."[4] Die Silbenstruktur erfährt erst nach und nach eine Erweiterung, indem Endungen und Konsonantenhäufungen die Silben komplexer werden lassen.

Als Tertium comparationis in diesem Zusammenhang dient der Schriftspracherwerb von Kindern, der zwar nicht eins zu eins auf Erwachsene übertragbar ist, aber doch hinreichende Paral-

---

2 Knobloch, Clemens, Vorlesung an der Universität Siegen im WS 2005/06: „Schriftspracherwerb aus linguistischer Sicht", Quelle: http://bscw.avmz.uni-siegen.de/pub/bscw.cgi/d1217992/ Skript:%20Schriftspracherwerb%20aus %20ling.%20Sicht.pdf#search=%22Knobloch%20 Schriftspracherwerb%22, 25. Clemens bezieht sich auf Schriftspracherwerb bei Kindern. Bei allen Unterschieden in Sozialisierung, Lernerfahrungen und Alltagsbewältigung ist von strukturellen und kognitiven Parallelen auszugehen.
3 Ebd.
4 Knobloch, Clemens, Vorlesung an der Universität Siegen im WS 2005/06, 39.

lelen liefert: Mit der logographischen Stufe beginnend werden Wörter von Kindern zunächst anhand visueller Signale quasi wie Bilder erkannt. Erst in der alphabetischen Stufe erfolgt die Bewusstwerdung um den Lautbezug der Schrift. „Ganz am Ende, beim routinierten Leser, finden wir wiederum eine sehr weitgehende Fähigkeit, Wortgestalten und Sinngebilde einander direkt zuzuordnen."[5] Zwischen den Extremen findet die Lese- und Schreibentwicklung statt. „Die Tatsache, dass uns 'ganzheitliches' Sinnerfassen beim Lesen 'natürlich' vorkommt, ändert nichts an der 'natürlichen Künstlichkeit', die das entlastete und routinierte Lesen und Schreiben mit allen anderen menschlichen Fähigkeiten verbindet. Auch wer auf dem Klavier ein 'Stück' oder eine Melodie 'ganzheitlich' spielen kann, der hat doch zuvor wahrscheinlich Ton für Ton geübt."[6]

Von Prof. Knobloch wird die alphabetische Strategie daher als das wahrscheinliche Kernstück des Schriftspracherwerbs bezeichnet.[7] In diesem ersten Band wird dementsprechend viel Material angeboten, um eben dieser Phase ausreichend viel Raum zu geben. Dies erfolgt in Kenntnis der Tatsache, dass die alphabetische Stufe Übergangscharakter besitzt und besitzen muss. Ihr Übergehen in die orthographische Phase, in der die Aneignung orthographischer Besonderheiten im Mittelpunkt steht, welche über den Lautbezug hinaus gehen bzw. diesen teilweise aufheben, ist das Ziel von Band 2 dieses Lehrwerks. Doch kann dieses regelbezogene Lernen wie gesagt erst stattfinden, wenn die alphabetische Strategie ausreichend gefestigt wurde, was mit diesem Band unterstützt werden soll. So soll auch verhindert werde, dass die Lernenden Schriftsprache auswendig lernen (also in der logographischen Phase verharren). Als Anhaltspunkt für diese Gefahr dient die Erinnerung an erwachsene Schüler, die beispielsweise komplexe Wörter auf Anhieb richtig schreiben bzw. leserisch identifizieren, nicht aber in der Lage sind, einzelne Silben dieser Wörter (ohne den semantischen Bezug) zu verschriftlichen bzw. zu lesen.

An diese Stelle sei darauf hingewiesen, dass die genannten Phasen sich überlappen und man eher von einem Schichtcharakter[8] sprechen sollte. Aus Sicht nicht deutschsprachiger Anwender findet die Progression im Aufbau nun nicht nur auf graphemischer, sondern auch auf grammatischer Ebene statt. Zuerst werden leicht benenn- und illustrierbare, kurze Substantive verwendet. In Lektion 1 und 2 werden insgesamt rund 120 solcher Wörter eingeführt. Kurz darauf wird der Artikel hinzugefügt und die Komplexität der Wörter vergrößert. Demgegenüber enthält Lektion 3 nur rund 50 neue Wörter. In Lektion 4 findet mit ca. 135 neuen Wörtern ein erster Quantitätssprung statt, was auch daran liegt, dass systematisch Verben und Adjektive ins Repertoire aufgenommen und in ganze Sätze integriert werden. Lektion 5 dient hauptsächlich der Festigung der Systematik, die mittels der bekannten und etwa 100 neuer Wörter geschieht. Die bereits erwähnte Komplexitätssteigerung findet in der zweiten Hälfte des Buches auch im großen Zuwachs an Schreib- und Lesevokabular ihren Niederschlag. In Lektion 6 werden die Lerner mit rund 400 neuen Wörtern konfrontiert und in den angesprochenen Diktaten und Lesetexten der Lektion 7 mit weiteren 320 Wörtern. Am Ende der letzten Lektion haben die Schüler also ca. 1125 Wörter verschiedenster Wortarten einmal oder mehrmals gelesen und geschrieben.

Zwischen den Lektionen dienen Rätsel (z.B. Kreuzworträtsel, Kreuz-Quer-Spiel u.a.) dazu, die Lernschritte spielerisch zu überprüfen. Auch die verschiedenen Themengebiete werden analog zur schrittweisen Anhebung der Alphabetisierungskomplexität erweitert. Diese Themengebiete erstrecken sich von den Themenfeldern „Tiere", „Körper", „Zu Hause", „Essen und Trinken" bis hin zu deren Erweiterung um die Aspekte „Natur", „Gesundheit", „Familie" und „Konsum".

---

[5] Knobloch, Clemens, Vorlesung an der Universität Siegen im WS 2005/06, 26.
[6] Ebd.
[7] Knobloch, Clemens, Vorlesung an der Universität Siegen im WS 2005/06, 36.
[8] „Überhaupt neigt man neuerdings eher dazu, von strategischen „Schichten" des Schreibens und Lesens zu sprechen und den Reihenfolgegedanken dabei weniger strikt zu verstehen. Wahrscheinlich haben wir alle einen (unterschiedlich umfänglichen) Vorrat an logographischen Mustern gespeichert." Ebd.

2.4 Binnendifferenzierende Gestaltung und Gruppenarbeit

Bei allen hier als Rahmen gesteckten Zielen soll der Heterogenität innerhalb einer Lerngruppe durch binnendifferenzierende Gestaltung der Lektionen Rechnung getragen werden. Das heißt, es werden die unterschiedlichen Lerntempi, Leistungsstärken und Lerntypologien der Adressaten berücksichtigt. Dazu gibt es Basisübungen für die gesamte Gruppe und darüber hinaus Sonderübungen, die schnell Arbeitenden zusätzliches Material anbieten, die Selbstbewussten die schwierigere Lösung einer Basisaufgabe vorschlagen und die immer wieder unterschiedliche Sinne aktivieren, dadurch dass zugeordnet, ausgeschnitten, zusammengelegt, ins Heft geschrieben, angekreuzt, etwas ausgefüllt oder auf Linien geschrieben wird etc. Zugleich wurden Übungen konzipiert bzw. erweitert, die gezielt zur Gruppenarbeit auffordern. So fördern Spiele, Ergebnispräsentationen und Einladungen zu gegenseitiger Korrektur eine positive Gruppenerfahrung. Nicht nur die Ergebnisse des Lernprozesses, sondern das Lernen selber soll als sozialer Prozess wahrgenommen werden.

3. Handhabung

Unterschiedliche Symbole am oberen Seitenrand bzw. vor den Aufgaben veranschaulichen die verschiedenen Besonderheiten der Arbeitsaufträge auf einen Blick:

CD und sprechende Person	Die abgebildete CD und die sprechende Person besagen, dass der Inhalt des Kästchens den Lernenden von der CD oder der Lehrperson vorgelesen wird. Es geht also um das Zuhören. Dies gilt auch für alle anderen schwarz gerahmten Kästchen, die zusätzlich auf ein besonderes Augenmerk einer Aufgabe hinweisen.
Stifte	Sieht der Lernende im kleinen Kästchen zwei Stifte, weiß er auf Anhieb, dass die Aufgabe etwas mit Malen oder Markieren zu tun hat. Der genaue Arbeitsauftrag selbst wird wieder vorgelesen.
Schere	Die Schere bedeutet, dass man bei dieser Aufgabe etwas ausschneiden soll, um das körperliche Handeln mit in das Lernen einzubeziehen.
Auge	Das Auge signalisiert, dass in einer Übung das genaue Hinsehen gefordert ist, um schwer erkennbare Unterschiede zu entdecken.
Puzzle	Das Puzzle zeigt, dass man in einer Aufgabe etwas zusammenlegen wird.
Schreibende Hand	Ist die schreibende Hand abgebildet, steht die Schreibaktivität im Zentrum der Übung.
Spielkarten	Die Spielkarten sollen darauf hinweisen, dass die Aufgabe spielerischer Art ist.
Buch	Das Buch heißt, dass sich die Lernenden bei dieser Aufgabe auf das Lesen zu konzentrieren haben.
?	Das Fragezeichen erklärt auf den ersten Blick, dass im Folgenden ein Rätsel zu lösen ist.
Ohr	Das Ohr zeigt, dass bei der Übung genau hingehört werden muss.

An dieser Stelle sei darauf aufmerksam gemacht, dass aufgrund eventueller mangelnder Deutschkenntnisse der Schüler oder unumgänglicher Doppeldeutigkeit vieler Bilder die Bedeutung derselben durch die Lehrperson erklärt werden muss. Entweder verbalisiert der Lernende den gesuchten Begriff oder der Lehrende gibt den Begriff vor. Dabei ist eine klare Artikulation speziell für Menschen mit Migrationshintergrund erforderlich. Tauchen entgegen der schon genannten Absicht Rechtschreibprobleme (Dehnung, Dopplung etc.) oder zunächst nicht näher bestimmte Buchstaben (wie „ß" oder „äu") in den Lektionen auf, ist dies von der Lehrperson nur kurz anzusprechen, aber darauf zu verweisen, dass dieselben Gegenstand folgender Bände bzw. Unterrichtseinheiten sein werden.

Im Anhang haben Sie die Möglichkeit, die gesuchten Lösungen/Begriffe aus den Lektionen einzusehen. So ist ein umfassender Gebrauch dieses Anhangs möglich: Zum einen dient er als Lehrerhandbuch, indem er alle Diktiervorlagen enthält, zum anderen als Lernhandbuch für die Anwender, da er eine Selbstkontrolle ermöglicht.

Ebenfalls nützlich für Lehrpersonen und Lernende ist der Index, in welchen alle Wörter der Lektionen aufgenommen wurden. Mit Hilfe des Indexes können Anwender sich von Freunden Wörter diktieren lassen, sie können damit zu Hause überprüfen, ob sie die Wörter bis zu der Seite, zu der sie gelangt sind, auch ohne Bildkontext zu lesen vermögen. Sie können zur Wiederholung die angegebene Seite oder die angegebenen Seiten aufschlagen und versuchen, das Wort zu finden, das innerhalb der Übung gegenüber dem Index leicht verändert, weil dekliniert oder konjugiert, auftauchen kann. Ferner ist der Index bei freien Schreibübungen als überschaubares, griffbereites Rechtschreibwörterbuch zu verwenden.

Lehrpersonen, die Zusatzübungen entwerfen, wissen dank des Indexes, welches Lese- und Schreibvokabular sie zu einem Zeitpunkt als (mehr oder weniger) bekannt voraussetzen dürfen.

Inhalt

Lektion 1	Die ersten Schritte		Seite
1.1	Die Laute der deutschen Sprache		
1.1.1	Die Selbstlaute / Vokale	*mit Anlauttabelle*	11
1.1.2	Die Mitlaute / Konsonanten	*mit Anlauttabelle*	12
1.2	Das Alphabet		13
1.3	Übungen zur Laut-Wort-Zuordnung		
1.3.1	Bild-Buchstaben-Puzzle		14/15
1.3.2	Mit welchem Buchstaben beginnt das Wort?		14
1.4	Verinnerlichung des Alphabets		17
1.5	Anwendung	*mit Fotos*	18

Lektion 2	Von Lauten zu Wörtern [KVKV]		Seite
2.1	Silbensynthese	*mit Würfeleinsatz*	19
2.2	Unvollständige Wörter ergänzen		
2.2.1	Thema „Tiere und Natur"	*mit Großbild*	20
2.2.2	Thema „zu Hause"	*mit Großbild*	21
2.2.3	Thema „Essen und Trinken"	*mit Großbild*	23
2.2.4	Thema „Körper"	*mit Großbild*	25
2.3	Zusammenfassung		
2.3.1	Ganze Wörter schreiben	*mit Artikeln*	26
2.3.2	Wortpaare zur Lautunterscheidung	*mit Buchstabenlücken*	27
2.3.3	„Au", „ei" oder „eu"?	*mit Tabelle*	28
	Zusatzaufgabe: Ein Tier mit B?	*Anfang, Mitte und Ende*	31
2.3.4	Rätsel: Welches Lösungswort wird gesucht?		32
2.3.5	Kreuz- und Quer-Spiel		32

Lektion 3	Die Wörter werden länger [KVKVKVKV]		Seite
3.1	Unvollständige Wörter ergänzen		
3.1.1	Thema „Essen und Trinken"	*mit Großbild*	33
	Erste Sätze	*mit Wörtern zum Thema*	34
3.1.2	Thema „zu Hause"	*mit Großbild*	37
	Rätsel: Welches Lösungswort wird gesucht?		38
3.2	Ähnliche Wortendungen	*mit „er", „el" und „en"*	39
3.3	Verarbeitung einfacher schriftlicher Mitteilungen		
3.3.1	Sinnentnehmendes Lesen 1	*mit „richtig" / „falsch"*	40
3.3.2	Auf Fragen antworten	*mit „Ja" und „Nein"*	41
3.3.3	Sinnentnehmendes Lesen 2	*mit Satz-Bild-Zuordnung*	42
3.3.4	Schreibanlass1: Wissen zusammentragen		43
3.3.5	Kreuz- und Quer-Spiel		44

Lektion 4	Einführung in die Konsonantenhäufung		Seite
4.1	Silbensynthese	*mit Basteleinsatz*	45
4.2	Unvollständige Wörter ergänzen		
4.2.1	Thema „Tiere und Natur"	*mit Großbild*	46
4.2.2	Thema „zu Hause"	*mit Großbild*	47
	Eine Mindmap erstellen	*mit Unterthemen*	48

4.2.3	Thema „Essen und Trinken"	*mit Großbild*	49
4.2.4	Thema „Körper"	*mit Großbild*	50
4.3	Silbenfinden	*mit Nonsenssilben*	51
4.4	Verben schreiben		52
4.5	Adjektive schreiben		53
4.6	Verarbeitung komplexerer schriftlicher Mitteilungen		
4.6.1	Sinnentnehmendes Lesen von Sätzen mit Konsonantenhäufungen		54
4.6.2	Auf Fragen antworten	*mit „Ja" und „Nein"*	55
4.7	Zusammenfassung		
4.7.1	Silbenfinden	*mit Nonsenssilben*	56
4.7.2	„Au", „ei" oder „eu"?	*mit Tabelle*	57
4.7.3	Rätsel: Welches Lösungswort wird gesucht?		59
4.7.4	Kreuz- und Quer-Spiel		60

Lektion 5	**Die Schulung des genauen Hinsehens**		**Seite**
5.1	Übungen zur Positionierung von Buchstaben		
5.1.1	Wo fehlt ein „L" / „l"?	*mit Fehlersuche*	61
5.1.2	Auflockerung: Was habe ich vergessen?		62
5.1.3	Wer entdeckt alle „F" / „f"?	*mit Schrifttypenwechsel*	62
5.1.4	Wo fehlt ein „R" / „r"?	*mit Fehlersuche*	63
5.1.5	Wörtersuche zum Thema „zu Hause"		64
5.1.6	Wo fehlt ein „W" / „w"?	*mit Fehlersuche*	65
5.2	Lückendiktat: Welche Buchstaben fehlen im Satz?		66
5.3	Positionierung einmal anders	*mit Basteleinsatz*	68/69
5.4	Welche Wörter erkennen Sie?		70
5.5	Schreibanlass: Mitteilungsbedürfnis		71
5.6	Kreuz- und Quer-Spiel		72

Lektion 6	**Erste Schwierigkeiten bei der Lautierung**		**Seite**
6.1	Übungen zur Unterscheidung von Konsonanten		
6.1.1	Die Unterscheidung zwischen „Sch"/„sch", „Sp"/„sp" u. „St"/„st"		73
6.1.2	Die Unterscheidung zwischen „G"/„g" und „K"/„k"		76
6.1.3	Wörtersuche zum Thema „Körper und Gesundheit"		78
6.1.4	Die Unterscheidung zwischen „M"/„m" und „N"/„n"		79
6.1.5	Die Unterscheidung zwischen „Sch"/„sch" und „Ch"/„ch"		81
	Zusatzaufgabe: Fragen beantworten		83
6.1.6	Zur Auflockerung: Wer ist wer?	*mit Namen*	84
6.1.7	Die Unterscheidung zwischen „B"/„b" und „P"/„p"		85
6.1.8	Die Unterscheidung zwischen „S"/„s" und „Z"/„z"		87
	Zusatzaufgabe: Sätze vervollständigen		89
6.1.9	Auflockerung: Was habe ich vergessen?		90
6.1.10	Die Unterscheidung zwischen „D"/„d" und „T"/„t"		91
6.1.11	Die Unterscheidung zwischen „F"/„f" und „W"/„w"		93
	Zusatzaufgabe: Welche Wörter passen?		95
6.1.12	Rätsel: Welches Lösungswort wird gesucht?		96
6.1.13	Wortdiktat zur Einordnung von Konsonanten		97
6.1.14	Zur Entspannung: Silbenweben zum Thema „Supermarkt"		98

6.2		Ungespannte bzw. kurze und gespannte bzw. lange Vokale	
6.2.1		Zur Unterscheidung zw. gespanntem u. ungespanntem „o" u. „u"	99
		Angeleitete Ausspracheübungen am Vokaltrapez	99
		Zwischendurch: Wörtersuche zum Thema „Tiere"	103
6.2.2		Zur Unterscheidung zwischen gespanntem und ungespanntem „ö" und „ü"	104
		Zur Festigung der Unterscheidungen: Den richtigen Laut ankreuzen	107
6.2.3		Selbstüberprüfung des Lernerfolgs bei der Unterscheidung „O"/„o", „U"/„u", „Ö"/„ö" und „Ü"/„ü"	108
6.2.4		Zusatzaufgabe: Schomburgs „Was passt zum Bild?"	109
6.2.5		Zur Unterscheidung zwischen gespanntem und ungespanntem „e" und „i"	110
6.2.6		Wortdiktat zur Einordnung von Vokalen	113
6.2.7		Rätsel: Welches Lösungswort wird gesucht?	114
6.2.8		Fehlersuche *mit Nonsenswörtern*	114
		Zusatzaufgabe: Rezept für eine Quarkspeise	115
6.2.9		Kreuz- und Quer-Spiel	116

Lektion 7	**Erstellen und Erlesen verschiedener Textarten**	**Seite**
7.1	Angeleitetes Schreiben von Texten mittlerer und kurzer Länge	
7.1.1	Diktat zum Thema „Körper und Gesundheit"	117
	Zur Entspannung: Silbenweben zum Thema „Körper und Gesundheit"	118
7.1.2	Ein Gedicht zum Thema „Körper und Gesundheit" reimen	119
7.1.3	Fiktiver Stadtplan als Lese- und Schreibanlass	120
	Zur Entspannung: Silbenweben zum Thema „zu Hause: Elektrogeräte"	127
	Zusatzaufgabe für die Schnellen: Reimsuche zum Thema „zu Hause"	127
7.1.4	Diktat zum Thema „zu Hause und Familie"	128
7.2	Informationsaufnahme beim Lesen	
7.2.1	Fiktives Familienportrait *mit Unteraufgaben*	130
7.2.2	Einsetzen von zu erlesenden Textbausteinen in fiktive Bewerbung	134
7.2.3	Kurzgeschichte zum Thema „Körper und Gesundheit"	137
	Zur Entspannung: Silbenweben zum Thema „Essen und Trinken"	139
7.2.4	Lektüre eines fiktiven Fernsehprogramms	140
7.2.5	Kreuz- und Quer-Spiel	142

Abschlusstest	143
Anhang: Lösungen und Diktiervorlagen	147
Index der aufgenommenen Wörter	161

Das Alpha-Basis-Projekt
von
Meike Drittner
und
Martina Ochs

Das Alpha-Basis-Projekt beinhaltet weitere Materialen, über die Sie sich auf unserer Homepage **www.alpha-basis-projekt.de** informieren können:

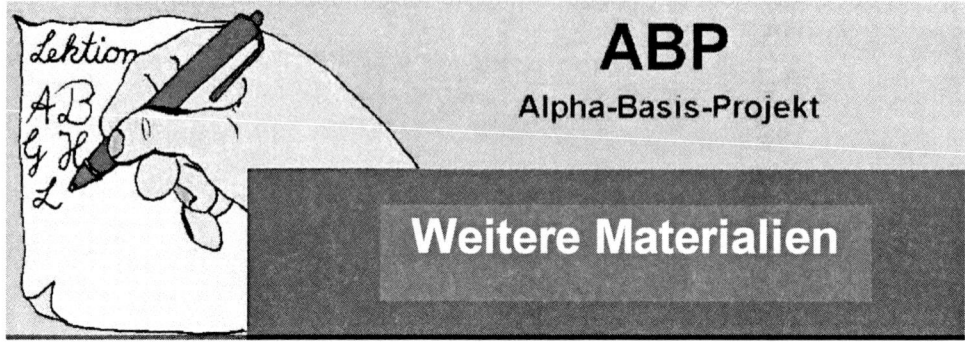

- Die Begleit-CD zu *Erwachsene Neulinge erobern die Schrift 1* mit Anleitungen zum selbstständigen Lernen und Wiederholen zu Hause.

- Die in Arbeit befindlichen Bände 2 und 3.

- Bildmaterial.

- Zusatzmaterial zum Lexiktraining für Kurse mit DaF.

www.alpha-basis-projekt.de

Lektion 1   Die ersten Schritte
1.1 Die Laute der deutschen Sprache

Wörter bestehen aus Lauten. Verschiedene Sprachen benutzen verschiedene Laute. In der Schrift werden die Laute durch Buchstaben wiedergegeben. Dabei gibt es nicht für jeden Laut einen Buchstaben, sondern manchmal auch eine kleine Buchstabenreihe. Manchmal wird ein identischer Laut auch durch unterschiedliche Buchstaben vertreten. In diesem ersten Kapitel lernen Sie die Buchstaben kennen, die für die Laute der deutschen Sprache stehen. Zuerst sehen Sie die roten Selbstlaute, die entstehen, wenn Luft durch den Kehlkopf strömt und ohne Hindernisse durch den Mund hindurch läuft. Allein durch die Veränderung der Lippen- und Zungenhaltung kommen unterschiedliche Laute zustande (z.B. *a, e, ü*). Danach entdecken Sie die blauen Mitlaute. Bei ihnen stößt die Atemluft auf dem Weg von der Luftröhre durch den Mund nach draußen an Hindernisse. Dadurch entstehen die Geräusche, die diese Laute ausmachen (z.B. *s, p, r*). Um sie richtig aussprechen zu können, brauchen die Mitlaute einen Vokal, der eigentlich nicht zum Laut selbst gehört. Er geht nur eine Verbindung mit ihm ein, um den daher so genannten Mitlaut zum Klingen zu bringen.

Ihre Lehrperson wird Sie darauf hinweisen, dass die beiden Listen trotz ihres Umfangs noch nicht vollständig sind. Seltenere Schreibweisen für bestimmte Laute wie die Diphtonge *[ai]* oder *[oi]* werden erst in einem späteren Band präsentiert: *ai, ey, oi* oder *oy*.

1.1.1 Die Selbstlaute / Vokale

In der Tabelle finden Sie alle **Selbstlaute** der deutschen Sprache. In den Lautspalten sehen Sie jeweils oben den einzelnen Buchstaben, der diesen Laut symbolisiert, links die große, rechts die kleine Variante. Darunter steht ein Wort, das mit diesem Laut (Buchstaben) beginnt. Die Abbildung daneben soll Ihnen helfen zu erkennen, um welchen Laut und um welches Wort es sich handelt. Schauen Sie sich die Anlauttabelle in Ruhe an. Lassen Sie sich den Inhalt daraufhin von Ihrem Lehrer oder der Begleit-CD vorlesen. Prägen Sie sich alles gut ein, da dieser Anfang die Grundlage für Ihr weiteres Lesen und Schreiben sein wird.

A / a	E / e	I / i
Adam	Elefant	Iglu
O / o	U / u	Äu / äu
Ohr	Uhu	Äußerung
Au / au	Ei / ei	Eu / eu
Auge	Eis	Euro
Ä / ä	Ö / ö	Ü / ü
Äpfel	Öl	Übung

11

1.1.2 Die Mitlaute / Konsonanten

  Hier finden Sie alle **Mitlaute** der deutschen Sprache. In den Lautspalten sehen Sie immer oben den einzelnen Buchstaben, der den jeweiligen Laut symbolisiert, links den Großbuchstaben, rechts den Kleinbuchstaben. Darunter steht ein Wort, das mit diesem Laut beginnt. Die Bilder helfen Ihnen zu erkennen, um welchen Laut und um welches Wort es sich handelt. Lassen Sie sich den Inhalt von Ihrem Lehrer oder der Begleit-CD vorlesen. Prägen Sie sich alles gut ein! Der letzte Buchstabe, das „ß", ist eine Ausnahme. Er kommt nie am Wortanfang vor und wird hier nur eingeführt und bekannt gemacht. Die aktive Thematisierung erfolgt erst in Band 2.

B / b Bauch	L / l Löwe	Sp / sp Spirale
C / c Computer	M / m Mund	St / st Stern
Ch / ch China	N / n Note	T / t Tafel
D / d Dach	P / p Pilz	V / v Vogel
F / f Fisch	Pf / pf Pfanne	W / w Wurm
G / g Gans	Qu / qu Quelle	X / x Xylofon
H / h Hose	R / r Rauch	Y / y Yoga
J / j Jacke	S / s Seife	Z / z Zehen
K / k Kamel	Sch / sch Schaf	ß Fuß

1.2 Das Alphabet

Sehen Sie nun die Reihenfolge des Alphabets, wie sie traditionell in den meisten indoeuropäischen Sprachen zu finden ist. Es beginnt in der ersten Spalte von oben nach unten, dann folgt die zweite Spalte, dann die dritte. Der Einfachheit halber wurde nur der jeweilige Großbuchstabe eingetragen. Schaffen Sie es (mit Hilfe der Seiten 1 und 2), die Selbstlaute aufzuspüren und sie rot zu markieren und dann die Mitlaute zu finden und blau zu markieren? Besprechen Sie außerdem mit Ihrem Nachbarn oder Ihrer Lehrperson, welche Laute der deutschen Sprache nicht im Alphabet aufgeführt sind. Versuchen Sie einmal, diese fehlenden Elemente in Ihr Heft zu schreiben.

A Adam	J Jacke	S Seife
B Bauch	K Kamel	T Tafel
C Computer	L Löwe	U Uhu
D Dach	M Mund	V Vogel
E Elefant	N Note	W Wurm
F Fisch	O Ohr	X Xylofon
G Gans	P Pilz	Y Yoga
H Hose	Qu Quelle	Z Zehen
I Iglu	R Rauch	**Alphabet**

1.3 Übungen zur Laut-Wort-Zuordnung
1.3.1 Bild-Buchstaben-Puzzle

 Nach diesem ersten Kontakt mit der Schrift gibt Ihnen das Spiel auf der nächsten Seite Gelegenheit zu testen, wie viel Sie sich schon gemerkt haben. Es sind alle bekannten Bilder und Wörter in beliebiger Ordnung zusammengewürfelt worden. Schneiden Sie alle Kästchen aus und fügen Sie die Anfangsbuchstaben bzw. Wörter und Bildchen zusammen, die zusammengehören.

1.3.2 Mit welchem Buchstaben beginnt das Wort?

 Wenn Sie die Puzzleübung geschafft haben, wird Ihnen auch die folgende Übung gelingen. Nutzen Sie die Linien, um mehrfach hintereinander die Buchstaben zu schreiben, die zu der abgebildeten Zeichnung passen. Üben Sie abwechselnd die kleine und die große Variante.

🏠	I i I i
🐘	
👖	
🗺	
👁	
🪱	
🦁	
🌀	
👣	

14

A / a Adam	S / s Seife	J / j Jacke	E / e Elefant	I / i Iglu	
O / o Ohr		U / u Uhu			
				Z / z Zehen	
H / h Hose	Qu / qu Quelle	R / r Rauch			
G / g Gans				B / b Bauch	
F / f Fisch	D / d Dach	Ü / ü Übung	Ö / ö Öl	St / st Stern	
		P / p Pilz		V / v Vogel	N / n Note
Ch / ch China	W / w Wurm				Sch / sch Schaf
C / c Computer		M / m Mund		K / k Kamel	
		L / l Löwe		Sp / sp Spirale	T / t Tafel
	Au / au Auge	Ei / ei Eis		Eu / eu Euro	

1.4 Verinnerlichung des Alphabets

  Im Alltag ist vieles alphabetisch geordnet: Telefonbücher, Teilnehmerlisten, Einträge in Nachschlagewerken, Straßennamen im Straßenverzeichnis einer Stadt etc. Daher ist es sinnvoll, das Alphabet von S. 13 auswendig zu lernen. Im Folgenden finden Sie einige Vorschläge, die bei diesem Vorhaben helfen sollen.

 Lesen Sie das Alphabet mehrmals zusammen mit Ihrer Lehrperson (oder mit der Stimme auf der CD). Sagen Sie es danach gemeinsam auf, ohne ins Buch zu schauen.

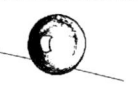 Erneut wird im Plenum das Alphabet gesprochen. Dieses Mal geht es jedoch nicht reihum. Dieses Mal sagt die Lehrperson „A" und bestimmt mit einem Tennisball o.ä., wer „B" sagen muss. Danach wirft dieser Teilnehmer den Ball zum nächsten Teilnehmer usw.

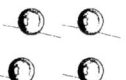 Nun können Dreier- oder Vierergruppen gebildet werden, damit jeder einzelne Teilnehmer häufiger an der Reihe ist. Allmählich werden Sie schneller darauf kommen, welcher Buchstabe z.B. dem *f* oder dem *l* folgt.

 Zur Absicherung des Gelernten sagen Sie das gesamte Alphabet noch zweimal lautstark mit allen anderen Teilnehmern auf, während die Lehrperson zuhört und kontrolliert.

 Bei dieser Übung geht es nicht um die Reihenfolge, sondern darum, Buchstaben ohne eine helfende Abbildung wiederzuerkennen. Dazu schreibt die Lehrperson einen beliebigen Buchstaben an die Tafel und lässt ihn vorlesen. Das Gleiche geschieht ca. 10 mal.

 Nun setzen Sie sich mit einem anderen Kursteilnehmer zusammen und nehmen abwechselnd die Rolle der Lehrperson aus der vorherigen Übung ein. Zuerst schreiben Sie einen beliebigen Buchstaben auf und lassen ihn lesen, dann schreibt Ihr Nachbar.

1.5 Anwendung

  Bei dieser Übung werden Sie merken, dass es im Alltag schon etwas bringt, auch nur einzelne Buchstaben erkennen zu können. Schauen Sie sich die Bilder an, überlegen Sie, für welche Wörter sie stehen. Der Anfangsbuchstabe dient als Abkürzung, die uns überall begegnet. Wie immer hilft die Lehrperson und nennt das gesuchte Wort, falls Sie es nicht kennen oder falls das Bild nicht deutlich genug ist. Sie identifizieren den Anfangsbuchstaben und setzen ihn dreimal ein: in das Bild, auf die freie Linie und direkt an den Anfang des Wortes.

„Hausaufgabe": Notieren Sie bei einem Gang durch Ihre Wohngegend die Einzelbuchstaben, die Ihnen auf Schildern oder Gegenständen auffallen. Besprechen Sie in Ihrer nächsten Alpha-Sitzung, für welche Wörter sie stehen.

1. ___ wie ___arkplatz

2. ___ wie ___potheke

3. ___ wie ___altestelle

4. ___ wie ___iter

5. ___wie ___ramm

Lektion 2 Von Lauten zu Wörtern [KVKV]
2.1 Silbensynthese

Im folgenden Spiel geht es um den schwierigen Schritt, die Einzellaute zu je einer Silbe zu verbinden (Silbensynthese). Dazu wird ein Würfel benötigt, der, beim Lernen in der Gruppe, reihum gereicht wird. Das Spiel beginnt, indem die Lehrperson einen beliebigen Konsonanten an die Tafel schreibt. Schüler Nummer 1 würfelt und gibt laut das Ergebnis bekannt. Jede Zahl ist (bis zu) zwei Vokalen zugeordnet. Spieler 1 muss zunächst den Konsonanten und den ersten Vokal laut und einzeln aussprechen und sodann beide (gegebenenfalls mit Hilfe!) zur Silbe verbinden. Die gleichen Schritte wiederholt er mit dem zweiten Vokal. Alle Anwesenden schreiben nach jedem Würfelturnus die Einzelbuchstaben und die zwei erzeugten Silben (siehe Abbildung) ins Arbeitsbuch und/oder ins Heft. Zur Kontrolle bleiben alle Silben an der Tafel stehen. Noch bevor der zweite Schüler würfelt, werden die zwei neuen Silben von allen Teilnehmern zum Einprägen laut vorgelesen. Abschließend zeichnet die Lehrperson einen Silbenbogen (⌣) und erklärt, dass durch diesen Silbenbogen beide Laute als zusammengehörig gekennzeichnet werden. Nun würfelt Teilnehmer Nummer zwei. Der Rest verläuft wie oben beschrieben, bis alle Schüler mindestens einmal an der Reihe waren.

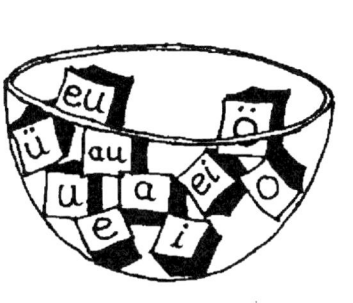

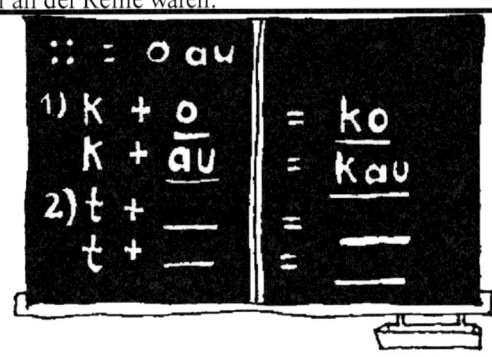

1: a e	4: o au
2: e ü	5: u ei
3: i ö	6: eu a

_____

_____

_____

_____

_____

_____

Es bietet sich an, die abgeschriebenen und mit Silbenbogen versehenen Silben als Hausaufgabe zum Lesen aufzugeben. Ferner kann das Spiel zum Auflockern und Sichern auch während späterer Lektionen jederzeit wiederholt werden, z.B. mit Wortsuche zu den gebildeten Silben.

2.2 Unvollständige Wörter ergänzen

2.2.1 Thema „Tiere und Natur"

 Thematisch übt es sich am besten. Sehen Sie sich die Zeichnung an und versuchen Sie durch lautes Aussprechen herauszufinden, mit welchem Laut die Tiere anfangen und mit welchem Buchstaben oder welcher Buchstabenfolge dieser wiedergegeben werden könnte. Bei einer roten Linie fehlt ein Vokal, bei einer blauen ein Konsonant.
a) Anlaute finden und eintragen.
b) Die ganzen Wörter ins Heft schreiben und mit Hilfe der Lehrperson den Silbenbogen ziehen.
c) Im Kursraum gemeinsam lesen und zum Erfahren der Silben mitklatschen.

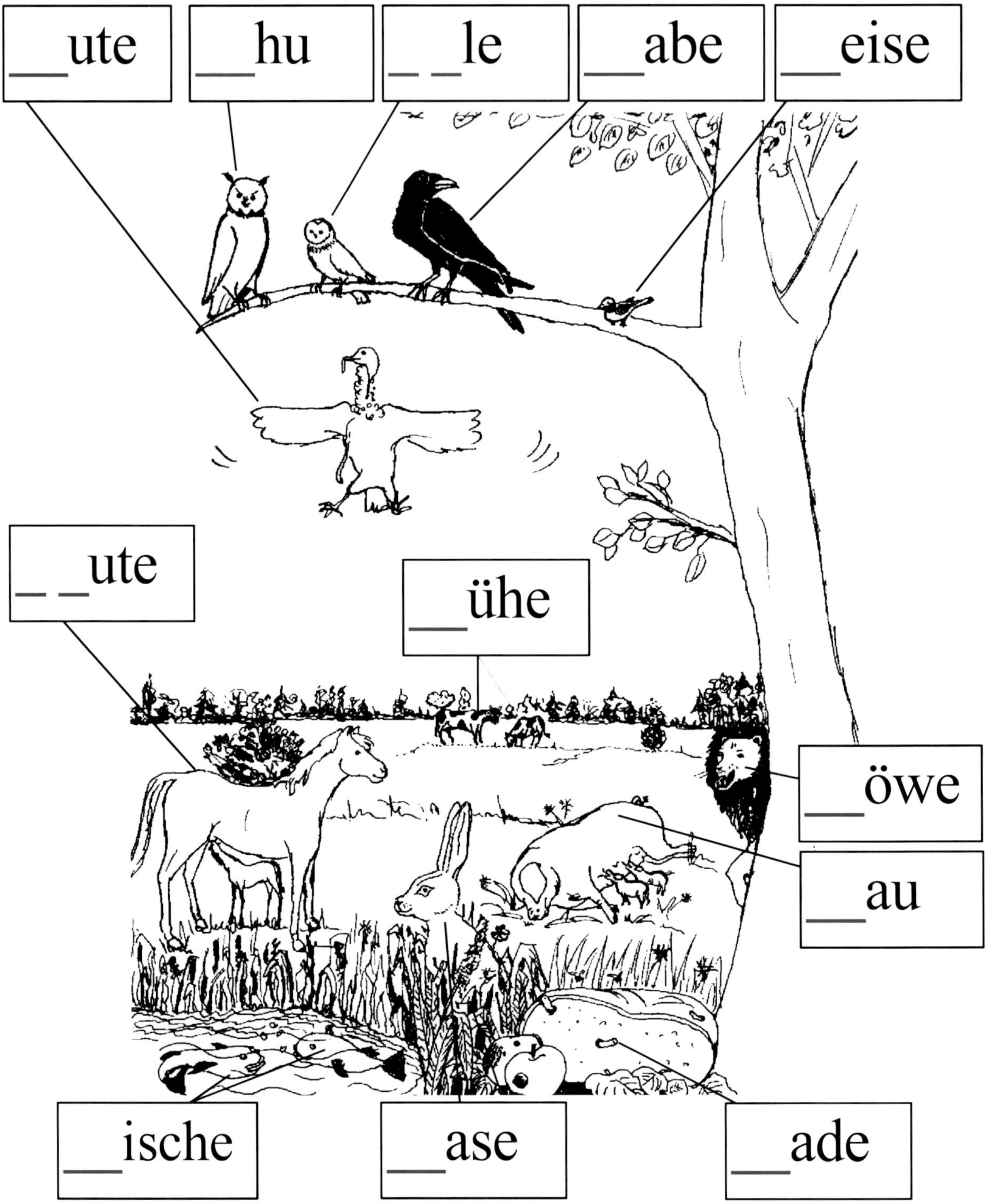

__ute   __hu   __le   __abe   __eise

__ute   __ühe   __öwe   __au

__ische   __ase   __ade

2.2.2 Thema „zu Hause"

Bei diesem Thema gilt es, nicht die Anfangs-, sondern die Mittellaute zu finden. Auf dieser Seite fehlen Vokale aus der Mitte von Wörtern, auf der folgenden Seite fehlen Konsonanten. Sehen Sie sich die häusliche Szene an und erledigen Sie die angegebenen Aufgaben:
a) Mittelvokale (auf dieser Seite) finden und eintragen.
b) Mittelkonsonanten (auf der nächsten Seite) finden und eintragen.
c) Alle Wörter ins Heft schreiben (Lehrperson schreibt an der Tafel mit).
d) Im Plenum mit Hilfe des Lehrers an der Tafel Silbenbogen unter die Silben zeichnen.

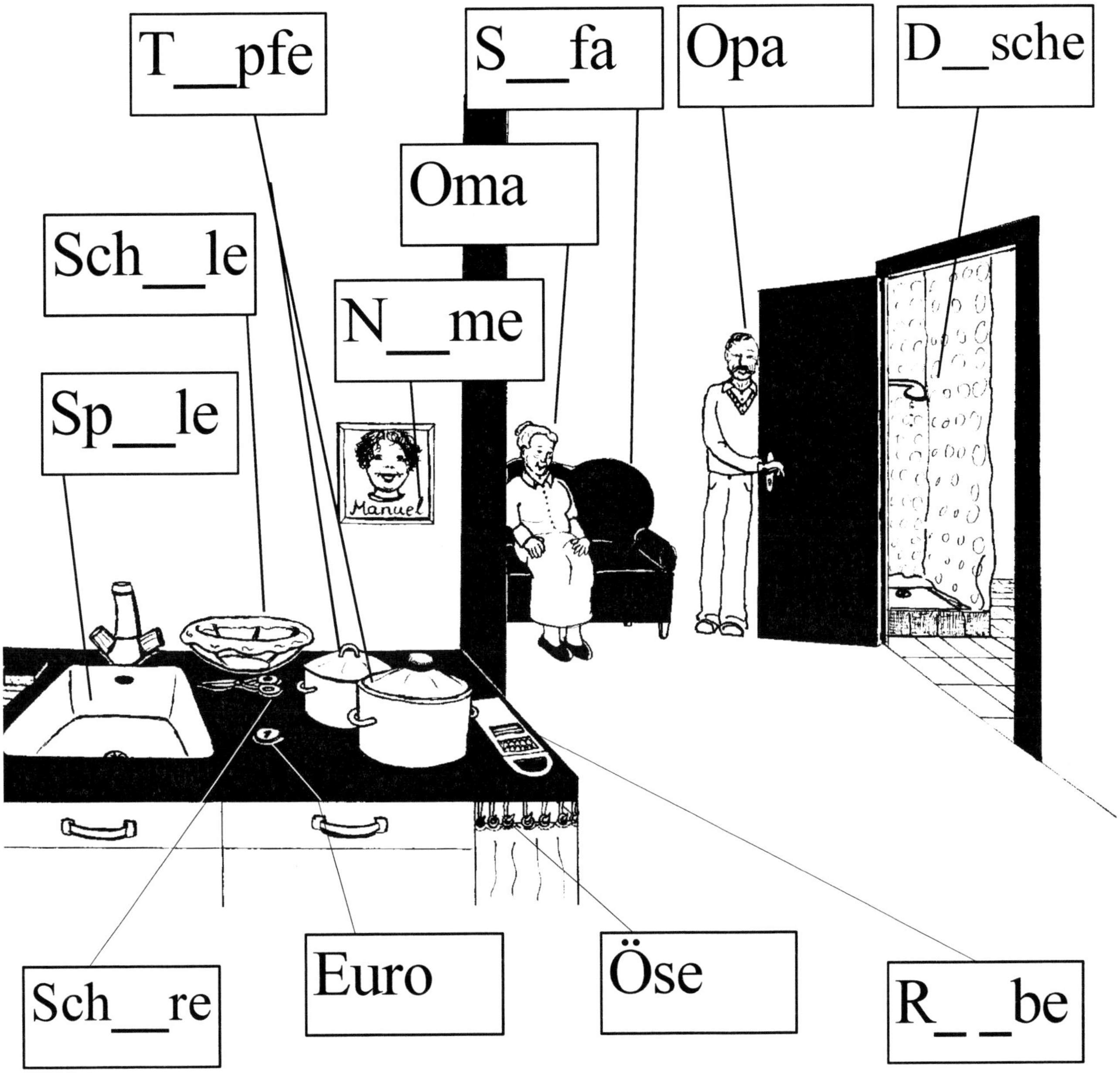

T__pfe

S__fa

Opa

D__sche

Sch__le

Oma

N__me

Sp__le

Sch__re

Euro

Öse

R_ _be

21

 Hier setzen Sie, am besten ohne zurückzublättern, die fehlenden Mittelkonsonanten ein.
Für Teilnehmer, die schnell fertig sind, gibt es Zusatzaufgaben:
a) (für Lerner mit Deutschkenntnissen:) Nach dem Eintragen des Silbenbogens mit Bleistift die Artikel vor die Wörter schreiben, die Lehrperson gibt die Schreibweise an der Tafel vor.
b) (für Lerner fast ohne Deutschkenntnisse:) Unter drei Überschriften, nämlich Küchenutensilien, Wohnung und Personen, die Wörter nach Rubriken sortiert noch einmal aufschreiben.

Tö__e

So__a   O__a   Du___e

O__a

Scha__e

Na__e

Spü__e

Sche__e   Eu__o   Ö__e   Rei__e

2.2.3 Thema „Essen und Trinken"

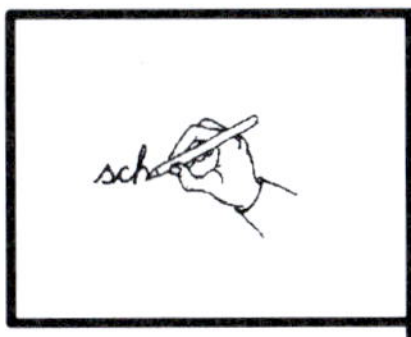

Langsam können Sie sich immer mehr zutrauen. Deshalb geht es bei diesem Thema auch schon darum, ganze Silben zu finden und zu schreiben. Wieder erscheint das Bild zur Übung zweimal. Auf der ersten Seite fehlt die erste Silbe des Gegenstands, der mit Essen und Trinken zu tun hat. Auf der zweiten Seite fehlt die zweite Silbe.
Aber Achtung, manche Wörter haben nur eine Silbe! Bei Lauten, die hier durch den selteneren von zwei möglichen Buchstaben wiedergegeben werden, wie [k] durch *k* oder *c*, ist das entsprechende Feld schon ausgefüllt. Hier noch einmal die Aufgaben in Kürze:
a) Anfangssilben (auf dieser Seite) finden und schreiben.
b) Endsilben (auf der nächsten Seite) finden und schreiben.
c) Nach Diktat der Lehrperson die neuen Wörter eigenständig ins Heft schreiben und hinterher kontrollieren.
d) Silbenbogen selbstständig in Stillarbeit einsetzen (Lehrperson gibt Hilfestellung), hinterher reihum alle Wörter laut vorlesen.

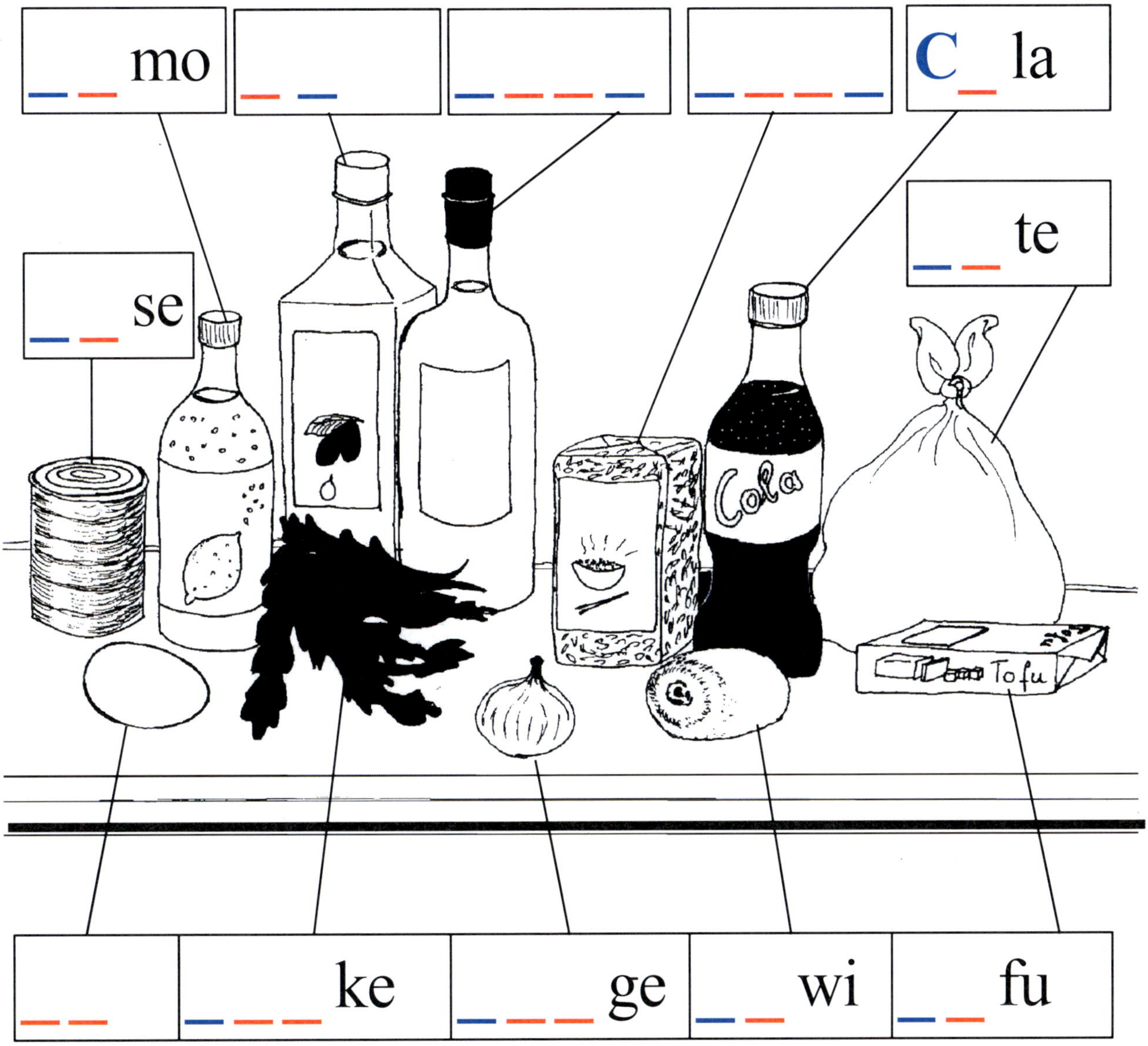

Hier schreiben Sie die Endsilben bzw. die einsilbigen Wörter in die Kästchen, was Ihnen leichter fallen dürfte, weil Sie alle Wörter schon einmal bearbeitet haben.

Wer früh fertig ist, überlegt sich, was sich wohl in der Tüte auf dem Transportband befinden könnte. Schreiben Sie Ihre Vorschläge auf. Versuchen Sie die Einzellaute in Ihren Wörtern herauszufinden und schreiben Sie, was Sie hören. Es ist gar nicht schlimm, wenn Sie Fehler machen. Hauptsache, Sie können Ihre Ergebnisse am Ende den anderen vorlesen.

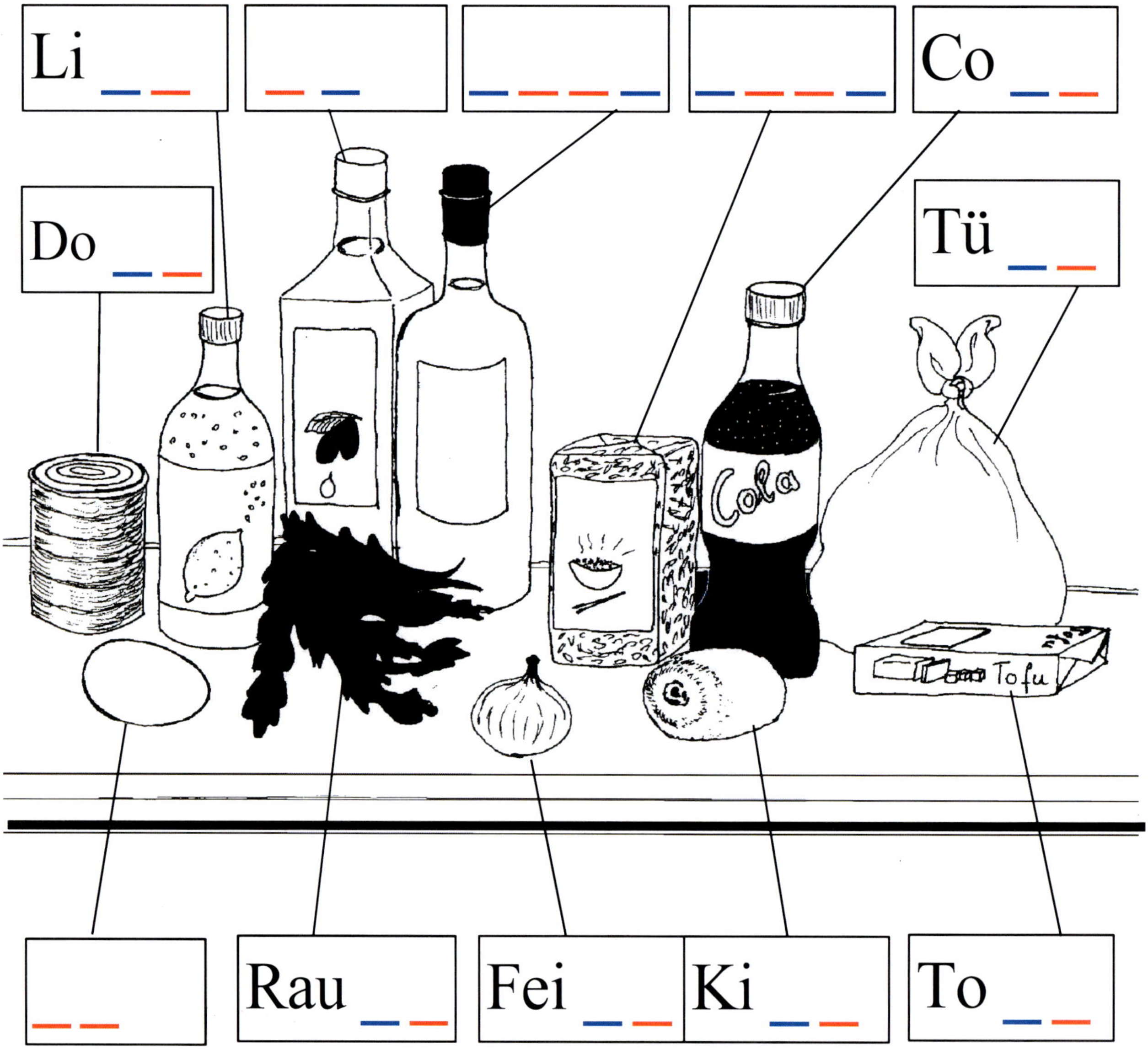

| Li __ __ | __ __ __ | __ __ __ | __ __ __ __ | Co __ __ |

| Do __ __ | | | | Tü __ __ |

| __ __ | Rau __ __ | Fei __ __ | Ki __ __ | To __ __ |

2.2.4 Thema „Körper"

Bei diesem letzten Thema sollen Sie ganz selbstständig alle Buchstaben des jeweiligen Wortes eintragen. Als Hilfestellung dienen weiterhin die blauen und roten Linien, die Ihnen einerseits zeigen, wie viele Buchstaben gebraucht werden und andererseits, an welche Stelle ein Konsonant und an welche Stelle ein Vokal gehört. Außerdem erkennen Sie die Silben am Bogen und die Silbengrenzen am senkrechten Strich. Sprechen Sie die Wörter laut aus, klatschen Sie dazu, und Sie werden die Lösung finden. Das also haben Sie hier zu tun:
 a) Wörter auf die Linien schreiben.
 b) Gegebenenfalls Korrekturen ins Heft schreiben.
 c) Alle Wörter laut vorlesen.

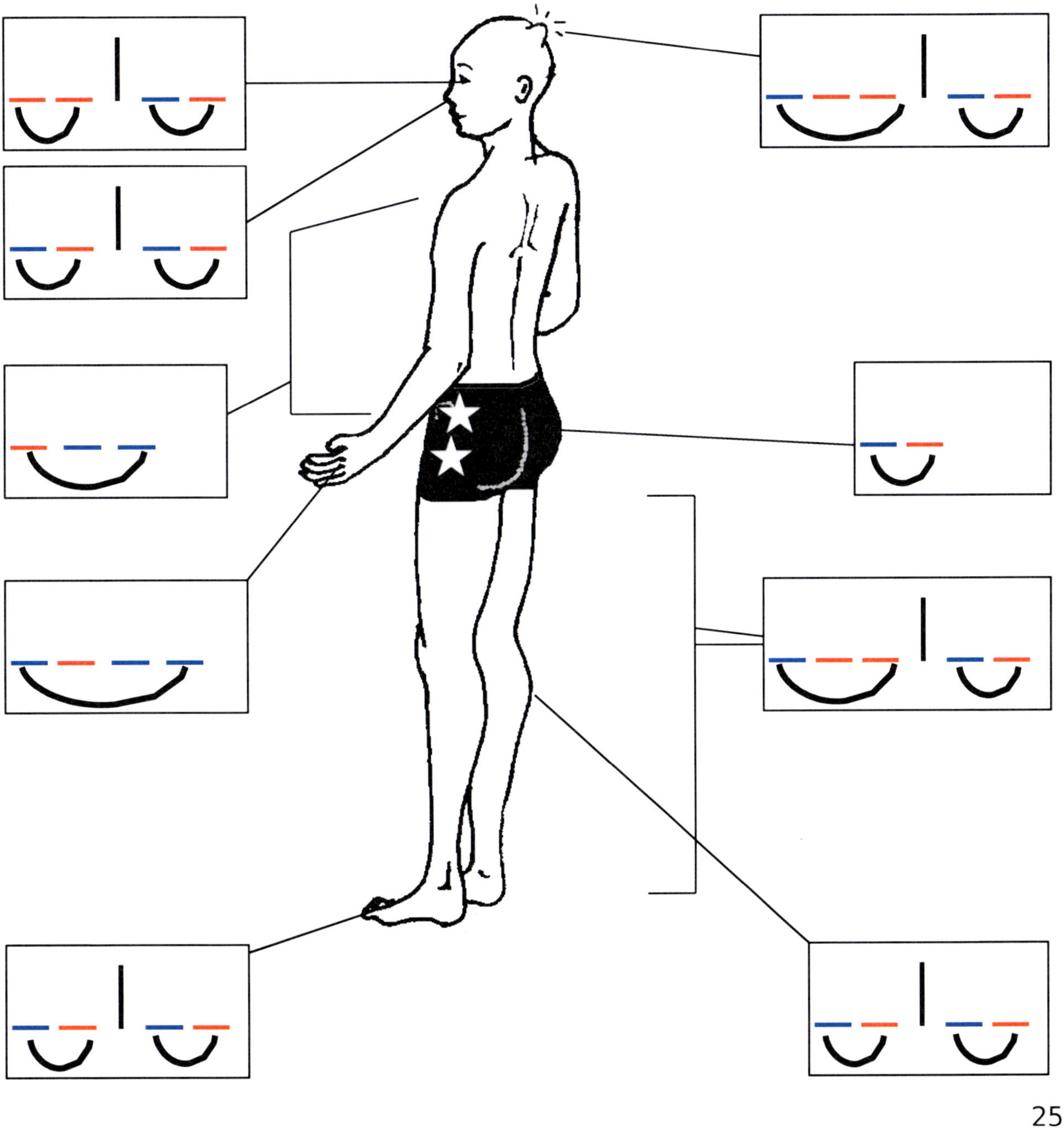

2.3 Zusammenfassung

Das Schwierigste hin zum Lesen und Schreiben haben Sie bereits geschafft: den Anfang. Sie haben gelernt, Laute Buchstaben zuzuordnen, Buchstaben abzuzeichnen, später aus dem Kopf zu schreiben. Sie können einzelne Laute und Buchstaben zu Silben verbinden, Silbenbogen ziehen, Silbengrenzen erkennen und schon kurze Wörter selbstständig schreiben. In den folgenden Übungen können Sie überprüfen, in welchem Maß Sie die genannten Fertigkeiten beherrschen und ob Sie bereits kleine zusätzliche Schwierigkeiten meistern. Nach dieser Erfolgskontrolle können Sie entweder in großen Schritten voranschreiten oder gezielt bestimmte Seiten wiederholen.

2.3.1 Ganze Wörter schreiben

Schreiben Sie die nicht mehr thematisch geordneten bekannten und neuen Wörter, indem Sie sie sich vorsprechen und – wenn möglich – ohne umzublättern die Buchstaben identifizieren und zusätzlich den vor das Wort gesetzten Artikel (der, die, das) mitlesen.

2.3.2 Wortpaare zur Lautunterscheidung

 Die Striche in der nächsten Übung stehen für ähnlich klingende Laute, die man leicht verwechseln kann. Die Wortpaare befinden sich jeweils in den nebeneinanderliegenden Kästchen. Deutliches Aussprechen hilft bei der Entscheidung für den richtigen Buchstaben.

das Y_ga		der J_li	
das F_to		der M_li	
die Eh_		der Jun_	
die Z_he		das K_lo	
die Ma_a		das Ki_o	
die Da_e		die Scheu_e	
die Sei_e		die Sei_e	
der _apa		die _uche	
die Hu_e		die Hau_e	

d i e __eile		d i e __oche	
d i e Stu_e		d i e Mö_e	
d i e __eife		d i e __ofe	
d i e Ro_e		d i e Poli_ei	
d i e __eige		d i e __eule	
d i e Fei_e		d i e Pau_e	

2.3.3 „Au", „ei" oder „eu"?

 Auch in der nächsten Aufgabe müssen Sie ähnliche Laute auseinanderhalten. Versuchen Sie, das Wort zum Bild zu schreiben und tragen Sie alle Wörter in die nachstehende Tabelle ein: die Wörter mit dem Vokal „au" in die „au"-Spalte, die Wörter mit „ei" in die „ei"-Spalte, die Wörter mit „eu" in die „eu"-Spalte. Die Tabelle enthält reichlich Platz für weitere Wörter mit diesen Vokalen. Welche fallen Ihnen noch ein und welche finden Sie in den bisherigen Lektionen?

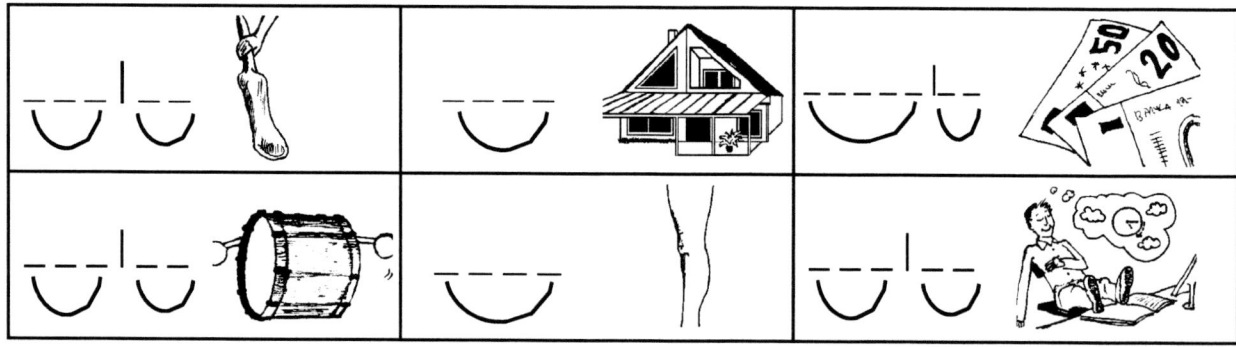

au ei eu		

Zusatzaufgabe: Ein Tier mit B?

  In dieser Zusatzaufgabe für schnelle Lerner sind auf die Linien die Tiere zu schreiben, die links gesucht werden. Gesucht wird zum Beispiel nach einem Tier mit B am Anfang, in der Mitte oder am Ende des Wortes. Zur Auswahl stehen die unten abgebildeten Tiere. Gehen Sie vor wie im Beispiel.

1. Ein Tier mit **B** am Anfang: *der Biber*

2. Ein Tier mit **au** in der Mitte: _____

3. Ein Tier mit **a** am Ende: _____

4. Ein Tier mit **a** in der Mitte: _____

5. Ein Tier mit **L** am Anfang: _____

6. Ein Tier mit **u** am Ende: _____

7. Ein Tier mit **M** am Anfang: _____

2.3.4 Rätsel: Welches Lösungswort wird gesucht?

| ? | Können Sie das nachstehende Rätsel lösen, ohne auf die vorangehenden Seiten zurückzublättern? Dann gilt Ihnen das Lösungswort. |

Lösungswort: _ _ _ _ _
           1 2 3 4 5

2.3.5 Kreuz- und Quer-Spiel

| | Den Abschluss der zweiten Lektion bildet ein Spiel, bei dem Sie nur Verbindungslinien zu ziehen brauchen. Verbinden Sie das Bild links mit dem dazugehörigen Wort. |

	die Dose
	die Sau
	die Tasche
	die Wade
	die Hose
	der Löwe

Lektion 3 Die Wörter werden länger [KVKVKVKV]
3.1 Unvollständige Wörter ergänzen
3.1.1 Thema „Essen und Trinken"

Sie kennen das Vorgehen aus Lektion 2. Auch hier sehen Sie sich die Gegenstände an und sprechen sich die passenden Wörter laut vor. Durch die vorgegebene Mittelsilbe können Sie selbst überprüfen, ob Sie an das richtige Lebensmittel denken.
a) Vervollständigen Sie die Wörter durch die fehlenden Silben.
b) Lassen Sie sich dann alle Wörter diktieren.
c) Markieren Sie im Heft alle Konsonanten blau und alle Vokale rot.
d) Notieren Sie dann die Dinge aus dem Bild, die Sie gern essen oder trinken.

1. _ _ | mo | _ _ | _ _	2. _ _ | lo | _ _	3. _ | na | _ _ _
4. _ _ | na | _ _	5. _ _ _ _ | _ _ | la | den | _ _ _	
6. _ _ | mü | _ _	7. _ _ | ma | _ _	8. _ _ |mo | _ _
9. _ _ | si | _ _	10. _ _ _ _ | ko |_ _| _ _	11. _ | re | _ _ | _ _
12. _ _ |ri | _ _ | _ _	13. _ _ | la | _ _ | _ _	14. _ _ r | me | _ _ | _ _

Erste Sätze

 Ganze Sätze werden genauso gelesen wie einzelne Wörter: Silbe für Silbe. Hier lesen Sie von Handlungen im alltäglichen Bereich. Die Sätze werden veranschaulicht durch Bilder, die Ihnen helfen sollen, sich die Stellung der Satzglieder bewusst zu machen und die Sätze zu schreiben. Ein Beispiel ist vorgegeben.

Wir	essen	eine	Kiwi.
		1	
_ _ _	_ _ _ _ _	_ _ _ _	_ _ .
		1	
_ _ _	_ _ _ _ _	_ _ _ _	_ _ _ _ _ _ .
	mögen		
_ _ _			_ _ _ .
_ _ _	_ _ _		_ _ _ .
_ _ _	_ _ _		_ _ _ _ .

34

_ _ _	kochen	_ _ _ _ _ .
_ _ _	_ _ _ _ _ _	_ _ _ _ _ .
_ _ _	_ _ _ _ _ _	_ _ _ _ _ _ _ .
_ _ _	trinken	_ _ _ _ _ _ _ _ _ .
_ _ _	trinken	_ _ _ _ .
_ _ _	tr_nk_ _	_ _ _ _ .
_ _ _	malen	_ _ _ _ _ _ _ _ _ _ .

_ _ _	_ _ _ _	_ _ _	_ _ _ _ _ .
_ _ _	_ _ _ _	_ _ _	_ _ _ _ .
_ _ _	hören	_ _ _	_ _ _ _ .
_ _ _	_ _ _ _		_ _ _ _ _ _ .
_ _ _	_ _ _ _	_ _ _	_ _ _ _ .
_ _ _	kaufen	_ _ _	_ _ _ _ _ _ .
_ _ _	_ _ _ _		_ _ _ _ _ _ _ _ _ _ _ .

3.1.2 Thema „zu Hause"

Viele der abgebildeten Gegenstände kennen Sie sicher aus dem Alltag.
a) Schreiben Sie dieses Mal selbstständig den bestimmten Artikel zu dem jeweiligen Wort.
b) Lassen Sie sich die Wörter anschließend diktieren.
c) Schreiben Sie auf, welche Dinge Sie selbst besitzen und vergleichen Sie Ihre Liste mit der Ihres Nachbarn.

1. <u>d i e   T a p e t e</u>   2. <u>d a s</u> _____   3. <u>d e r</u> _ _ r n _ _ _ _ r

4. ___ _____   5. ___ <u>S t _ _ b _ _ _ _ r</u>   6. ___ _____

7. ___ _____   8. ___ _____   9. ___ _____

10. ___ <u>S t</u> ___   11. ___ _____

12. _____<u>r</u>___   13. ___ _____<u>r</u>   14. ___ _____

Rätsel: Welches Lösungswort wird gesucht?

?	Hier dürfen Sie Ihre Fähigkeiten wieder in einem Rätsel unter Beweis stellen. Erkennen Sie die Dinge? Sie haben Sie gerade alle im großen Bild gesehen und bearbeitet. Wenn Sie sich an die Schreibweise aller Wörter erinnern, trifft auf Ihr Gedächtnis das gesuchte Lösungswort zu. Wenn Sie zu Hause trainieren wollen, markieren Sie Vokale und Konsonanten in den gewohnten Farben und ziehen Sie die Silbenbogen.

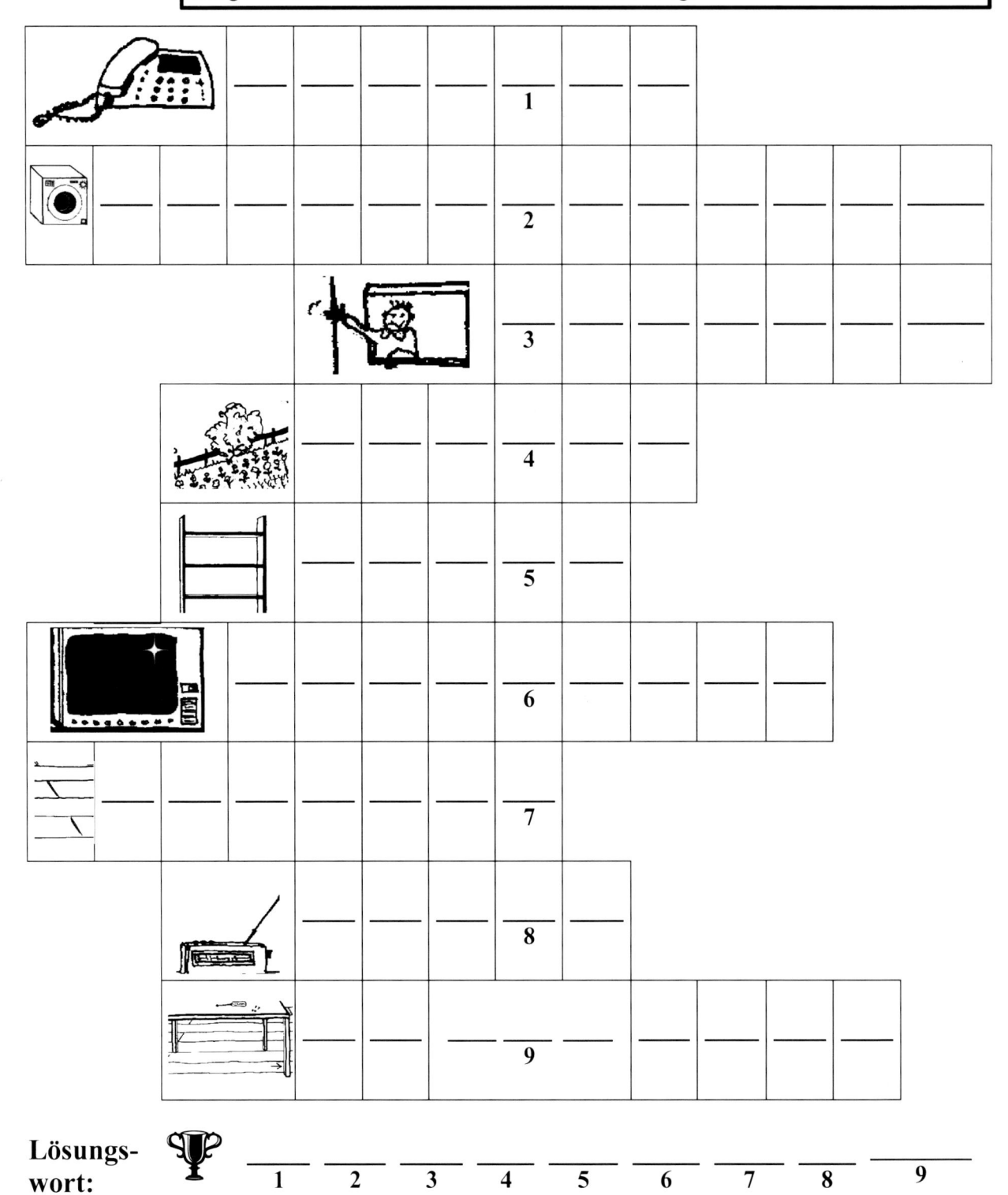

Lösungswort: __ __ __ __ __ __ __ __ __
             1 2 3 4 5 6 7 8 9

3.2 Ähnliche Wortendungen

Lassen Sie sich die folgenden Wörter vorlesen und hören Sie genau hin.
a) Kreuzen Sie an, welche Endung jeweils zutrifft: „er", „el" oder „en".
b) Schreiben Sie alle Wörter komplett ins Heft.
c) Silbenbogen ziehen. Achtung: Zur zweiten Silbe gehört mehr als die Endung!

		er	el	en
	Bech	X		
	Nag			
	Bes			
	Gab			
	Hak			
	Nad			
	Heb			
	Kug			
	Fad			
	Mix			
	Eim			
	Bib			
	Tig			

3.3 Verarbeitung einfacher schriftlicher Mitteilungen
3.3.1 Sinnentnehmendes Lesen 1

> Lesen Sie die Sätze selbstständig und entscheiden Sie, ob sie einen Sinn ergeben. Schreiben Sie vor die richtigen Sätze ein „r" wie „richtig" in das Kästchen und vor die falschen Sätze ein „f" wie „falsch". Im Anschluss daran folgen die Aufgaben a) bis c):
> a) Die gesamte Gruppe und die Lehrperson lesen die Sätze nun gemeinsam laut vor und klatschen dabei den Silbenrhythmus mit.
> b) Die Richtig-falsch-Ergebnisse werden verglichen.
> c) Sie tragen unter Absprache mit Ihrem Nachbarn die Silbenbogen ein.

f	Wir essen ein Telefon.
r	Wir essen eine Banane.
	Wir essen ein Auto.
	Wir hören eine Kiwi.
	Wir hören eine Limone.
	Wir hören ein Telefon.
	Wir kochen Opa.
	Wir kochen Gemüse.
	Wir kochen Reis.
	Wir trinken eine Cola.
	Wir trinken Öl.
	Wir trinken ein Haus.

3.3.2 Auf Fragen antworten

In dieser Übung müssen Sie Fragen beantworten. Schreiben Sie, ob die in der Frage ausgedrückte Vermutung zutrifft oder nicht, indem Sie vorgehen wie in den beiden Beispielantworten.

	Ist das eine Kiwi?	Ja, das ist eine Kiwi.
	Ist das ein Ei?	Nein, das ist eine Limone.
	Ist das ein Uhu?	_____,_____.
	Ist das eine Raupe?	_____,_____.
	Ist das eine Nadel?	_____,_____.
	Ist das eine Zehe?	_____,_____.
	Ist das ein Po?	_____,_____.
	Ist das ein Becher?	_____,_____.
	Ist das Wein?	_____,_____.
	Ist das ein Tiger?	_____,_____.
	Ist das ein Faden?	_____,_____.

3.3.3 Sinnentnehmendes Lesen 2

Bei dieser Leseübung müssen Sie nur die Sätze ankreuzen, die zu einem der Bilder passen. Die Schwierigkeit besteht hier darin, sich zu konzentrieren. Immerhin haben Sie 24 Sätze zu lesen. Das ist schon die Größe eines kleinen Zeitungsartikels.

		Ich lese eine Zeitung.
		Ich lese auf dem Sofa.
		Ich lese ein Buch.
		Oma und Opa kochen in der Dusche.
		Oma und Opa kochen in der Küche.
		Oma und Opa kochen im Park.
		Die Beule ist am Arm.
		Die Beule ist am Bein.
		Die Beule ist an der Nase.
		Die Zehen sind am Hals.
		Die Zehen sind am Fuß.
		Die Zehen sind am Bein.
		Ich kaufe einen Besen.
		Ich kaufe einen Eimer.
		Ich kaufe eine Gabel.
		Ich male eine Laus.
		Ich male eine Meise.
		Ich male einen Löwen.
		Wir essen eine Banane.
		Wir essen Schokoladeneis.
		Wir essen Reis.
		Oma und Opa gehen in das Kino.
		Oma und Opa gehen in die Kirche.
		Oma und Opa gehen in den Supermarkt.

3.3.4 Schreibanlass 1: Wissen zusammentragen

Nach drei Lektionen empfiehlt es sich, das Gelernte in geballter Form zusammenzutragen, um einen Überblick zu erhalten. Nachdem die Lehrperson die Rubriken links vorgelesen und anhand weniger mündlicher Beispiele erklärt hat, gehen Sie folgendermaßen vor:
a) Fragen alleine für sich beantworten und kleiner schreiben als zuvor.
b) Die einzelnen Wörter durch ein Komma trennen.
c) Dreier- oder Vierergruppen bilden und die Ergebnisse vergleichen und ergänzen.
d) Gruppenergebnisse der ganzen Klasse vorstellen.

Tiere, die ich kenne und schreiben kann?	
Essen, das ich kenne und schreiben kann?	
Möbel und Geräte, die ich kenne und schreiben kann?	
Körperteile, die ich kenne und schreiben kann?	

3.3.5 Kreuz- und Quer-Spiel

Den Abschluss der dritten Lektion bildet wieder das Spiel, bei dem Sie nur Verbindungslinien zu ziehen brauchen. Verbinden Sie das Bild links mit dem dazugehörigen Wort.

die Maus

die Banane

der Mixer

der Kamin

der Hebel

der Eimer

der Biber

der Besen

der Bauch

Lektion 4   Einführung in die Konsonantenhäufung
4.1 Silbensynthese

Wie man aus Konsonanten und Vokalen Silben bildet, haben Sie bereits in Lektion 2 gelernt. Das Neue dieser Lektion besteht darin, über das bisher hauptsächlich vorgekommene Muster Konsonant-Vokal-Konsonant-Vokal etc. hinauszugehen und auch Wörter zu schreiben, bei denen mehrere Konsonanten hintereinander gereiht sind. Um verschiedene Kombinationen einzuüben, soll wieder ein Spiel in der Gruppe gespielt werden.

a) Die Kursteilnehmer fertigen gemeinsam ein Kartenspiel an. Sie schneiden 22 gleichgroße Kärtchen aus Pappe oder dickem Papier. Jeder beschriftet ein oder zwei Kärtchen mit den nachstehenden Konsonanten, die sie in blauer Farbe abschreiben, und den Vokalen, die wie üblich in rot gehalten sind. Am Ende stehen alle der vorgegebenen Konsonanten und Vokale auf je einem Kärtchen.
b) Nun zieht die Lehrperson als erstes eine Konsonantenkarte und befestigt sie z.B. mit einem Magneten an der Tafel. Die Lehrperson liest die Buchstaben zweimal hintereinander als Konsonantengebilde vor.
c) Danach zieht sie ein Vokalkärtchen, das ebenfalls angehängt und vorgelesen wird. Wenn beide Kärtchen nebeneinander hängen, zieht die Lehrperson beide zur Silbe zusammen, die rechts an der Tafel notiert wird. Alle Schüler lesen diese Silbe gemeinsam.
d) Die Kärtchen werden abgenommen und wieder mit dem passenden Haufen vermischt. Nun zieht Spieler 1 ein blaues und ein rotes Kärtchen, liest die Buchstaben einzeln vor und bildet mit Hilfe der Lehrperson die Silbe. Die entstandene Silbe wird unter die erste geschrieben und von allen laut vorgelesen. Dann folgt Spieler 2 und das Ganze geht so lange, bis alle Schüler dran waren oder bis genügend (ca. 15) verschiedene Silben an der Tafel stehen.
e) Stehen etwa 15 Silben an der Tafel, werden sie alle gemeinsam der Reihe nach noch einmal durchgenommen, indem die Schüler aufgefordert werden, Wörter zu finden, die mit dieser Buchstabenkombination anfangen (Blitz, blau, Blume, Blase, braten, bringen, Flasche, flach, fluchen, Schrank, schreien, schwarz, Schwein, klein, Klo, Krach, krank, Kraut etc.)

bl	a
br	e
fl	i
fr	o
kl	u
kr	ä
pl	ö
pr	ü
schl	au
schr	ei
schw	eu

4.2 Unvollständige Wörter ergänzen
4.2.1 Thema „Tiere"

Bald können Sie alle möglichen Tiernamen schreiben. Um Ihnen das Aufschreiben der hier neu hinzukommenden Tierbezeichnungen zu erleichtern, fehlen nur die Konsonanten. Die Vokale sind vorgegeben.
  a) Die Konsonanten eintragen.
  b) Abwechselnd dem Nachbarn eins der Wörter diktieren und eins diktieren lassen.
  c) Die Wörter, die Ihnen nicht diktiert wurden, samt Artikel aus dem Gedächtnis ebenfalls ins Heft schreiben und dann mit Hilfe des Bildes kontrollieren.

In der Luft sind:

der _ _ a _ i _ _, die _ _ e _ er _ au _, die _ _ _ _ a _ _ e.

Am Ufer sind:

die _ _ _ _ a _ _ e und der _ _ a _ i _ _ o.

Im Wasser sind:

das _ _ o _ o _ i _, die (der) _ _ a _ e und der _ _ o _ _ _.

An Land sind:

die _ _ ö _ e, die _ _ _ _ ei _ e und das Ei _ _ _ ö _ _ _ _ e _.

4.2.2 Thema „zu Hause"

Sie sehen eine häusliche Szene. Den Beschriftungen der Personen und Gegenstände fehlen sämtliche Konsonanten, die Sie wie gewohnt einsetzen. Dazu kommen weitere Aufgaben:
a) Die Konsonanten einsetzen.
b) Zwei Teilbereiche bilden und im Heft zwei Spalten mit den Überschriften „Personen" und „Gegenstände" anlegen und die 17 Wörter in die passende Spalte eintragen.
c) Zusammen mit der Lehrperson die nachstehende Mindmap vervollständigen, die Oberbegriffe enthält und Platz vorsieht für bereits aus vorigen Lektionen bekannte Wörter zum Thema.

1. die _ a _ _ e	6. die _ _ a _ e _ a _ _ _ e	11. die _ e _ _ _ e _ _ a _ _
2. der _ _ a _ e	7. die _ _ a _ _ _ e	12. die _ i _ _ e _
3. der _ _ u _	8. der _ _ ei _ _ i _ _	13. die E _ _ e _ _
4. der _ _ a _ _	9. die _ _ ö _ e	14. der _ _ _ _ au _ _
5. die _ _ i _ _ e	10. der _ _ ia _ _ e _	15. das _ _ a _ _ o _ i _
𓀀𓀀𓀀𓀀𓀀𓀀𓀀𓀀𓀀𓀀𓀀𓀀𓀀𓀀𓀀𓀀𓀀𓀀		16. die _ _ _ _ e _ _ e _
♪♪♪♪♪♪♪♪♪♪♪♪♪♪♪♪		17. der _ _ u _ e _

Eine Mindmap erstellen

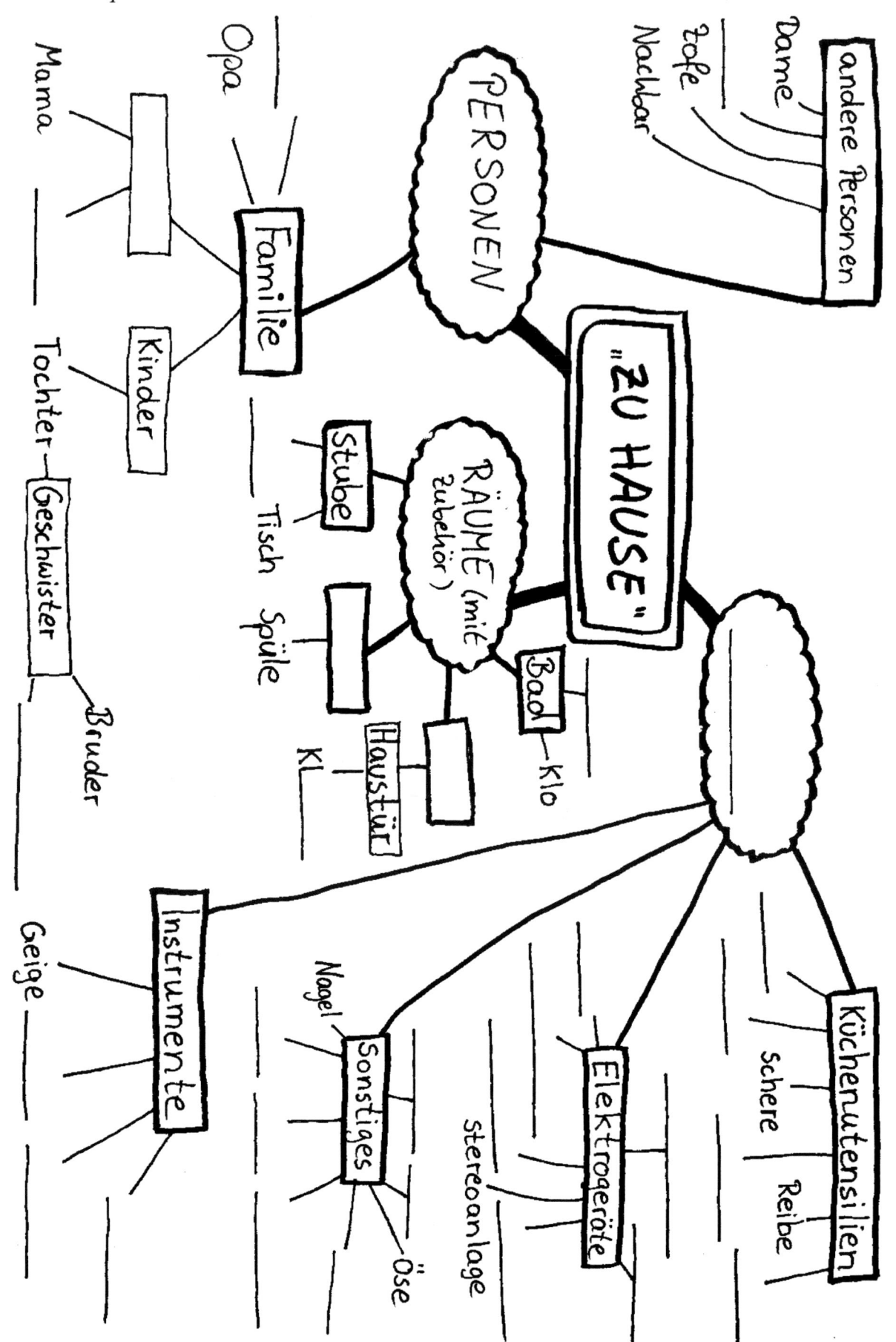

"ZU HAUSE"

PERSONEN

- **andere Personen**
  - Dame
  - Tante
  - Nachbar
- **Familie**
  - Opa
  - Mama
  - Kinder
    - Tochter
    - Geschwister
      - Bruder

RÄUME (mit Zubehör)

- Stube
  - Tisch
  - Spüle
- Bad
  - Klo
- Haustür
  - Kl...

(Gegenstände)

- **Küchenutensilien**
  - Schere
  - Reibe
- **Elektrogeräte**
  - Stereoanlage
- **Sonstiges**
  - Nagel
  - Öse
- **Instrumente**
  - Geige

4.2.3 Thema „Essen und Trinken"

Mit welchen Speisen ist dieser Tisch gedeckt? Nur wenige vorgegebene Buchstaben helfen Ihnen dabei, die richtige Schreibweise zu finden.
a) Die fehlenden Buchstaben einsetzen.
b) Alle Wörter mit Artikel von der Lehrperson ins Heft diktieren lassen.
c) Aufschreiben, was der Tischnachbar mag.

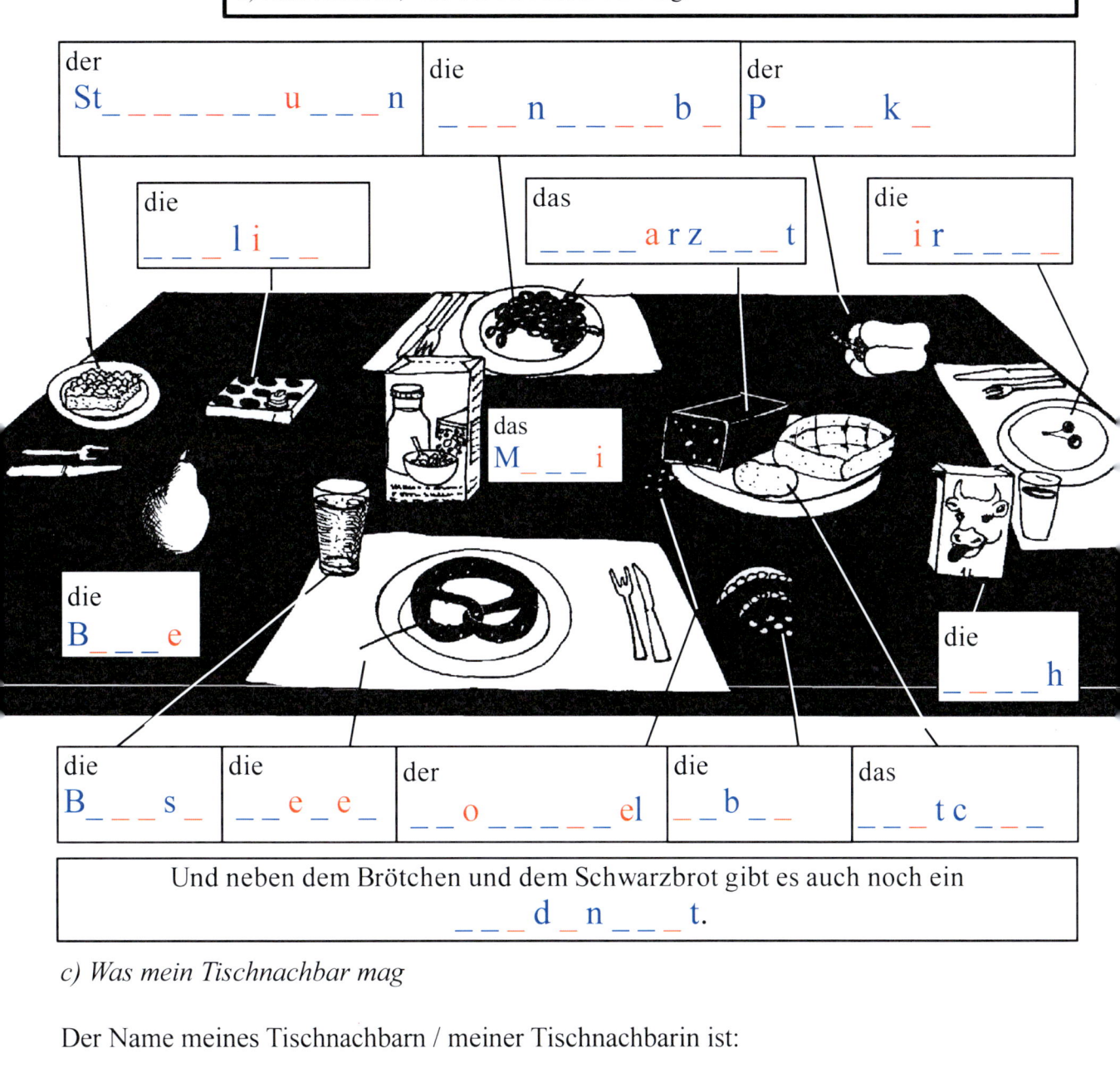

der St_____u___n

die ___n____b_

der P___k_

die ___li__

das ____arz___t

die _ir____

das M___i

die B___e

die B___s_

die __e_e_

der __o____el

die __b__

das ___tc___

Und neben dem Brötchen und dem Schwarzbrot gibt es auch noch ein ___d_n___t.

c) Was mein Tischnachbar mag

Der Name meines Tischnachbarn / meiner Tischnachbarin ist:

_____.

Er oder sie mag:

_____

_____

_____ .

49

4.2.4 Thema „Körper"

Rund um das Thema Körper gibt es viele Wörter, an denen sich die Konsonantenhäufungen festigen lassen. Sie werden es sehen, wenn Sie die Punkte a) bis c) bearbeiten.
a) Die fehlenden Buchstaben eintragen.
b) Körper ins Heft zeichnen und mit allen Wörtern, die Sie gelernt haben, beschriften.
c) Die Konsonanten und Vokale im Heft blau und rot markieren und die Silbenbogen ziehen.

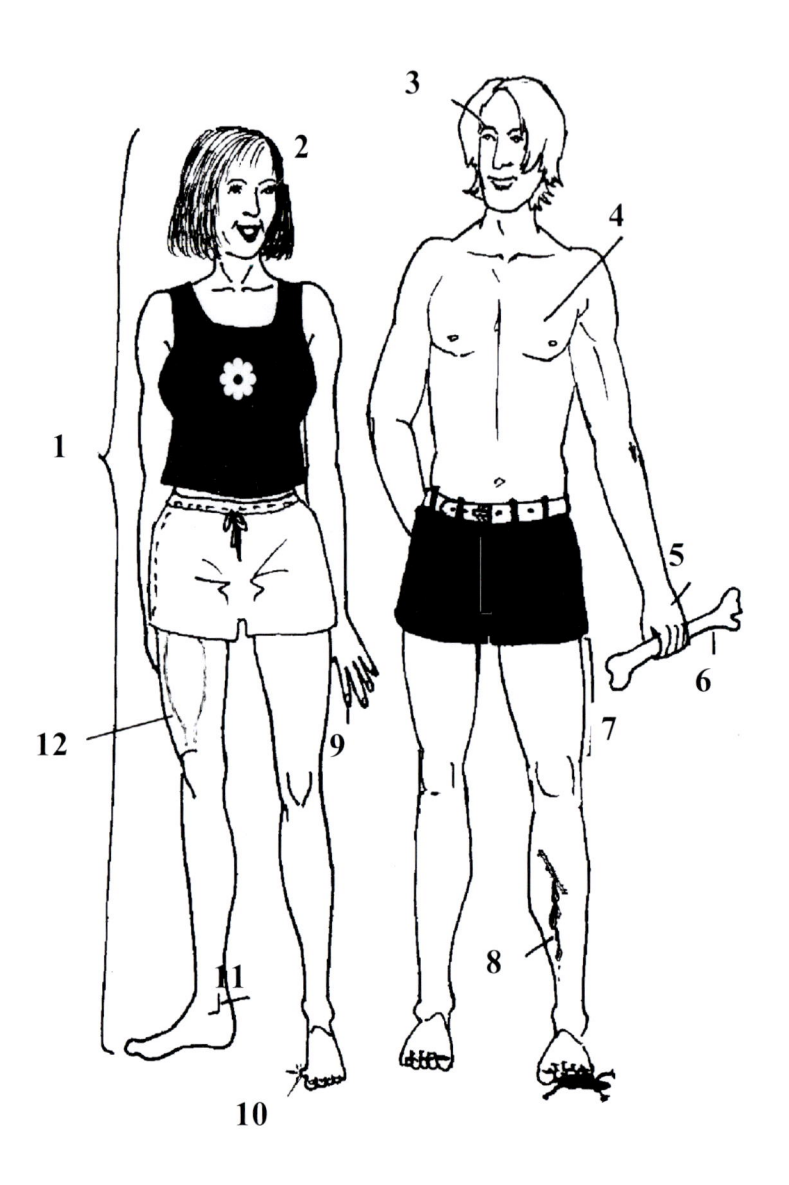

1. die __ u   2. die _____ r   3. die ___ e   4. die __ u __

5. die ___ d   6. der _ n __ e _   7. der O _ e r _____

8. das __ u _   9. der _ i __ r n __ e   10. die ___ a __

11. der __ ö ____   12. der __ s _ e _ .

4.3 Silbenfinden

Bei diesem Spiel mit Begriffen aus allen Themenbereichen müssen Sie aus dem Silbensalat rechts neben dem jeweiligen Bild die korrekt geschriebenen Silben, aus denen das Wort zusammengesetzt ist, finden und mit einem Farbstift einkreisen.
a) Die richtigen Silben farbig einkreisen und die vollständigen Wörter ins Heft schreiben.
b) In Kleingruppen einfache Sätze, in denen je eines der Wörter vorkommt, ausdenken, notieren und hinterher präsentieren und von der Lehrperson korrigieren lassen.

	Scho	ok	ko	la	al	ned	den	eis
	Ste	re	er	o	na	an	la	ge
	Ba	de	ed	an	na	zgu	guz	zug
	Hun	ed	de	schanwz		schwanz		
	Wasch	ma	am	isch	schi	shic	ne	en
	Klei	red	dre	der	schrank		schnark	
	Vo	gel	gle	schna	schan	aschn	ble	bel
	O	ebr	ber	bre	krö	kör	per	pre
	Brot	kür	krü		rkü		mel	mle
	Wein	fla	fal	shec		esch	sche	
	Fern	es	se	her		hre	rhe	
	Eich	hrön	röhn	hörn	chen		chne	
	Pflau	mne	men	nem	ku	uk	chne	chen
	Fla	min		nim		og		go
	O	bre	ber	schne	schen	kle	kel	lek

4.4 Verben schreiben

Bisher haben Sie sich hauptsächlich mit Substantiven, Artikeln und einigen ganzen Sätzen beschäftigt. Doch es ist besonders wichtig, auch im Umgang mit Verben Routine zu erlangen, da diese einen Großteil der Satzinformation enthalten.
a) Fehlende Buchstaben einsetzen.
b) Das ganze Verb ins Heft schreiben.

	→	g r a b e n
	→	k l _ n g _ _ _
	→	_ _ _ e _ _ e _
	→	_ _ ü _ e _
	→	b r _ t _ n
	→	f r _ g _ n
	→	f r _ _ _ n
	→	_ _ _ _ a _ e _
	→	s p r _ n g _ n
	→	_ _ a _ e _
	→	_ o _ _ e _
	→	_ _ _ _ e i _ e _
	→	k _ _ f _ n
	→	s c h r _ _ b _ n

4.5 Adjektive schreiben

Detailliertes Beschreiben ist nur mit Hilfe von Adjektiven möglich. Versuchen Sie, den folgenden Bildern zu entnehmen, wie die gezeigten Personen oder Dinge sind. Bearbeiten Sie dazu die Aufgaben a) bis c).
a) Fehlende Buchstaben einsetzen.
b) Gegensatzpaare (wie z.B. „leicht" und „schwer") verbinden, sofern vorhanden.
c) Gefundene Gegensatzpaare ins Heft schreiben und weitere Paare suchen und präsentieren.

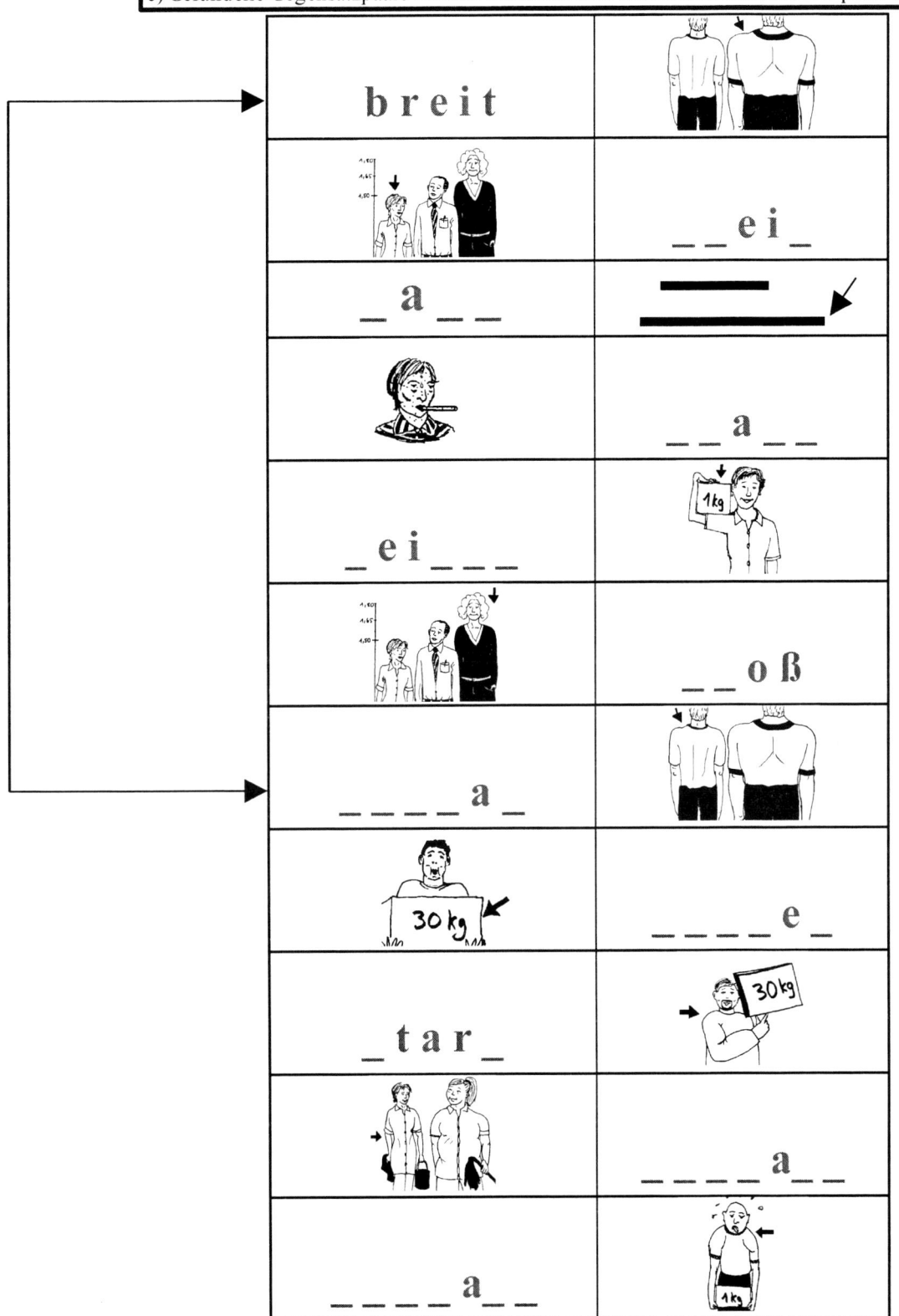

b r e i t	
	_ _ e i _
_ a _ _	
	_ _ a _ _
_ e i _ _ _	
	_ _ o ß
_ _ _ _ a _	
	_ _ _ e _
_ t a r _	
	_ _ _ _ a _ _
_ _ _ _ a _ _	

53

4.6 Verarbeitung komplexerer schriftlicher Mitteilungen
4.6.1 Sinnentnehmendes Lesen von Sätzen mit Konsonantenhäufungen

> Hier überprüfen Sie wieder, ob Sie sich den Sinn von Sätzen, die nun Wörter mit Konsonantenhäufungen enthalten, inzwischen ohne Hilfe von Bildern erschließen können. Wenn Sie sofort „Ja" oder „Nein" ankreuzen können, haben Sie verstanden, dass das Gelesene einen Sinn ergibt bzw. Unsinn darstellt. Eingeführt wird zudem das Wort „können", das Sie mit dem doppelten „n" in der Mitte so auswendig lernen müssen.

	Ja	Nein
Können Oma und Opa sprechen?	X	
Können Oma und Opa blühen?		
Können Blumen schreiben?		
Können Blumen blühen?		
Können Kinder trinken?		
Können Kinder schnarchen?		
Können Krokodile fragen?		
Können Krokodile schlafen?		
Können Flöhe springen?		
Können Flöhe sprechen?		
Können Knochen brechen?		
Können Schweine weinen?		

4.6.2 Auf Fragen antworten

Wie in 3.3.2 sind hier 10 Fragen zu beantworten. Schreiben Sie in das freie Feld, ob die in der Frage ausgedrückte Vermutung zutrifft oder nicht. Gehen Sie vor, wie in den beiden Beispielen.

	Ist der Junge krank?	Ja, der Junge ist krank.
	Ist der Junge krank?	Nein, der Junge ist gesund.
	Ist der Junge groß?	_____,_____.
	Ist **der** Junge groß?	_____,_____.
	Ist der Weg schmal?	_____,_____.
	Ist **der** Weg schmal?	_____,_____.
	Ist die Tasche leicht?	_____,_____.
	Ist die Tasche schwer?	_____,_____.
	Ist die Person stark?	_____,_____.
	Ist **die** Person auch stark?	_____,_____.
	Ist der Strich lang?	____, er ist _____.
	Ist der Strich kurz?	____, er ist _____.

4.7 Zusammenfassung

Inzwischen haben Sie gelernt, auch längere Wörter und Wörter mit vielen Konsonanten zu lesen und zu schreiben. Schon mehrmals haben Sie ganze Sätze gelesen und sich zudem mit Schreibweisen verschiedener Verben und Adjektive vertraut gemacht. Am Ende der Lektion 4 haben Sie die Gelegenheit, einige Übungen zur Erfolgskontrolle durchzuführen. Die größte Herausforderung stellen wohl die neuen Wörter dar, die Sie hier zum ersten Mal lesen. Durch sie erfahren Sie am besten, ob Sie schon richtig lesen oder überwiegend noch ganze Wörter wiedererkennen.

4.7.1 Silbenfinden

Sie kennen dieses Spiel bereits aus 4.3. Suchen Sie aus dem Silbensalat rechts neben dem Bild die korrekt geschriebenen Silben und kreisen Sie sie ein. Die Lehrperson benennt die Bilder.
a) Die richtigen Silben einkreisen und die vollständigen Wörter ins Heft schreiben.
b) Dem Nachbarn einen Satz diktieren, in dem das erste Wort vorkommt. Vom Nachbarn einen Satz diktieren lassen, in dem das zweite Wort vorkommt usw. Von der Lehrperson kontrollieren lassen.

	Pflau	mne	men	nem	ku	uk	chne	chen
	Ta	pe		ep		et		te
	Schwarz		brto		brot		bort	
	Heu	ag		ga	ble	bel		leb
	Sil	ben	neb	ob	bo	gen	neg	gne
	Un	tre	ter	eschn	schen	nesch	kel	kle
	Schwan	gre	ger		schaft		schfat	
	Ze	bar	bra	steir	strei	fne	fen	nef
	Re	gen	neg		schirm	schmir		mirsch
	Kran	ken	nek	hsau		sauh		haus
	Klei	dre	der	üb	bü	gel		leg
	Ki	on	no	film		flim		milf

4.7.2 „Au", „ei" oder „eu"

Hier müssen Sie wie in 2.3.3 unterscheiden zwischen „au", „ei" und „eu".
a) Das ganze Wort schreiben.
b) Jedes Wort hinterher in die passende Spalte der Tabelle eintragen.

au	ei	eu
das Krankenhaus	das Schwein	Europa

4.7.3 Rätsel: Welches Lösungswort wird gesucht?

| ? | Können Sie das nachstehende Rätsel lösen, ohne zurückzublättern? Dann gilt Ihnen wieder das Lösungswort. Übrigens können Sie das Wort schon lesen, wenn Sie alle gesuchten Begriffe korrekt eingetragen und so die Felder 1 bis 8 gefüllt haben. Versuchen Sie ruhig einmal, von oben nach unten zu lesen, bevor sie das Lösungswört in das entsprechende Feld schreiben. So gewöhnen Sie sich an diese Anordnungsmöglichkeit. |

Lösungs-wort: __ __ __ __ __ __ __ __ __
   1   2   3   4   5   6   7   8   9

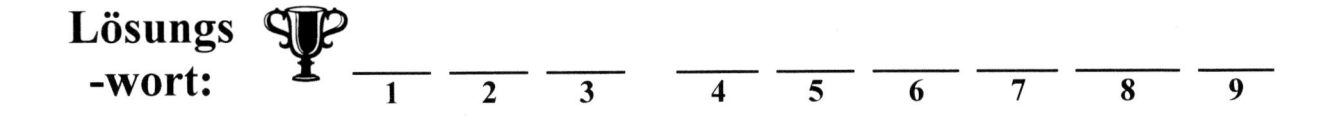

4.7.4 Kreuz- und Quer-Spiel

Den Abschluss der vierten Lektion bildet wieder das Spiel, bei dem Sie nur Verbindungslinien zu ziehen brauchen. Verbinden Sie das Bild links mit dem dazugehörigen Wort.

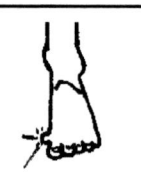

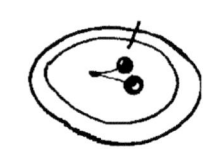

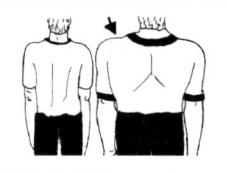

- **der Blitz**
- **die Klinke**
- **der Triangel**
- **die Krake**
- **die Kirsche**
- **das Fladenbrot**
- **die Blase**
- **breit**
- **springen**

Lektion 5   Die Schulung des genauen Hinsehens
5.1 Übungen zur Positionierung von Buchstaben
5.1.1 Wo fehlt ein „L" / „l"?

> Sehen Sie sich die unten stehenden Bilder genau an (lassen Sie sich von Ihrer Lehrperson die dazugehörenden Wörter vorsagen) und sprechen Sie sie selbst laut aus. Vergleichen Sie das jeweilige Lautergebnis mit dem abgedruckten Wort neben dem Bild. Wo fehlt dort ein *L/l*? Erledigen Sie die Aufgaben a) bis c). Wer nicht so schnell ist, beschränkt sich auf a).
> a) Links: Position des fehlenden *L/l* suchen und es eintragen. Rechts: das ganze Wort schreiben.
> b) In Zusammenarbeit mit dem Nachbarn die Silbenbogen unter die vollständigen Wörter zeichnen. Einer bearbeitet das erste Wort und der Nachbar sagt, ob der Silbenbogen seiner Meinung nach richtig sitzt. Beim zweiten Wort wird getauscht.
> c) In Dreiergruppen abwechselnd den zwei Gruppenmitgliedern 5 Lieblingswörter aus der Übung diktieren.

Bild	Wort	Artikel + Lösung
	B e u l e	die Beule
	F i n g e r n a g e	der _ _ _ _ _ _ _ _ _ _ _
	F ö t e	die _ _ _ _ _
	s c h a f e n	_ _ _ _ _ _ _ _
	e u c h t e r	der _ _ _ _ _ _ _ _
	I g u	das
	F a m i n g o	der
	K e i d e r b ü g e l	der
	a c h e n	
	F a t e n	die
	L i c h t s c h a t e r	der
	k i n g e l n	
	T V - K a b e	das
	F u g z e u g	das
	ö t k o l b e n	der

5.1.2 Auflockerung: Was habe ich vergessen?

Vergleichen Sie die Waren auf dem Transportband vor der Kasse sorgfältig mit den Dingen, die ich mir auf den Einkaufszettel geschrieben habe. Ich habe mal wieder nicht an alles gedacht... Was habe ich heute vergessen, weil ich im Supermarkt nicht auf den Zettel geguckt habe?

Einkaufszettel
1 Banane
1 Brezel
1 Tomate
1 Ananas
1 Cola
1 Schokolade
1 Feige
1 Brot

_____ _____ ist leider nicht im Einkaufskorb gewesen!

5.1.3 Wer entdeckt alle „F" / „f"?

Hier geht es erneut darum, genau hinzuschauen. In dem Kasten unten sehen Sie unterschiedliche Buchstaben, die in ganz verschiedenen Schriftarten gedruckt wurden. So wie sich Handschriften unterscheiden, haben auch Computerschriftarten nicht genau das gleiche Aussehen. Schaffen Sie es trotzdem, alle „f" zu identifizieren? Schreiben Sie die Anzahl der Funde auf die leere Zeile unter dem Kasten.

Martin Maus trinkt gern Fruchtsaft und mag den Buchstaben F. Er bedauert es, dass in seinem Namen kein F auftaucht. Martin gehört zu den Menschen, die gern lange schlafen und nachts ausgehen. Oft wandert er in der Dunkelheit einfach nur bis zum Marktplatz. Dort schaut er in die Ferne. Er betrachtet den Mond und die Sterne. *Das genügt. Er wird dabei* müde, wandert nach Hause, **legt sich** schlafen und erwacht erst **morgens um neun.**

Ich habe _____ „F" / „f" gefunden.

5.1.4 Wo fehlt ein „R" / „r"?

Und wo fehlt hier ein *R/r*? Die Schnellen unter Ihnen können wieder alle drei Aufgaben schaffen. Wer nicht so schnell ist, sollte auf jeden Fall a) erledigen.
a) Links: Position des *R/r* suchen und es eintragen. Links: das ganze Wort schreiben.
b) In Zusammenarbeit mit dem Nachbarn die Silbenbogen unter die Wörter zeichnen. Einer bearbeitet das erste Wort und der Nachbar sagt, ob der Silbenbogen richtig sitzt. Beim zweiten Wort wird getauscht.
c) In Dreiergruppen den Gruppenmitgliedern 5 Wörter aus der Übung diktieren und anschließend 5 Wörter vom einen und dann 5 Wörter vom anderen Gruppenmitglied diktieren lassen.

	S c h **r** a n k	der Schrank
	F i n g e n a g e l	der _____
	s c h e i b e n	_____
	B a u t	die
	L e u c h t e	der
	B e c h e	der
	s p i n g e n	
	e h e	die
	F a n k r e i c h	
	S c h a u b e	die
	e g e n s c h i r m	der
	B ö t c h e n	das
	S c h w a r z b o t	das
	B a u e r e i	die
	g o ß	
	H u b s c h a u b e r	der
	F i s ö r	der

63

5.1.5 Wörtersuche zum Thema „zu Hause"

> Wieder müssen Sie genau hinsehen. In dem Durcheinander aus Buchstaben sind 8 bekannte Wörter versteckt. Gehen Sie mit dem Blick waagerecht Zeile für Zeile durch das Raster und umkreisen Sie die Wörter wie im Beispiel vorgegeben. Damit Sie wissen, welche Wörter gesucht werden, stehen oben die Abbildungen. Kurz:
> a) Wörter zu den Abbildungen suchen und einrahmen.
> b) Gefundene Wörter mit Artikel unten ins Buch schreiben.
> Als Zusatzaufgabe können Sie außerdem den Namen einer deutschen Stadt in dem Buchstabengewirr suchen. Tipp: Es handelt sich um die Hauptstadt.

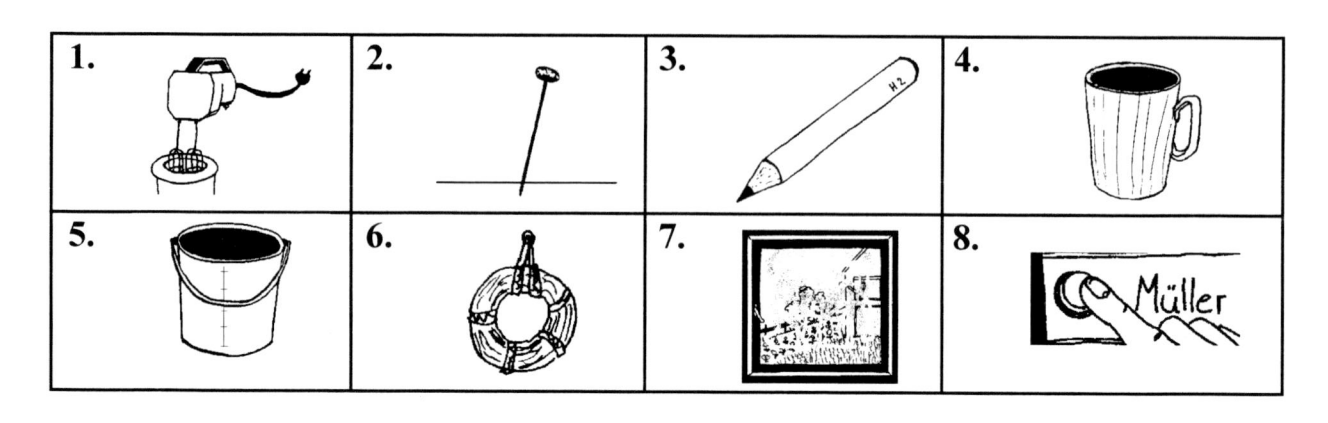

1.	2.	3.	4.
5.	6.	7.	8.

H	J	K	I	E	U	O	R	P	L	T	O	A
L	B	A	W	E	I	M	E	R	O	E	F	H
H	C	B	L	E	I	S	T	I	F	T	K	R
K	A	U	Z	W	N	P	N	A	G	E	L	Ü
A	K	Z	O	I	Y	E	X	G	S	Ö	E	Q
B	F	E	N	S	T	E	R	N	E	T	R	W
A	Q	C	D	R	U	O	K	R	A	N	Z	Z
W	B	A	I	**M**	**I**	**X**	**E**	**R**	U	V	W	T
Ö	S	F	B	E	C	H	E	R	Ü	R	C	N
T	V	P	J	M	T	K	L	I	N	G	E	L
B	E	R	L	I	N	R	Z	B	T	A	P	R
T	P	A	V	R	L	Z	I	O	U	H	M	G

Die Wörter sind:

1. _____, 2. _____, 3. _____, 4. _____

5. _____, 6. _____, 7. _____, 8. _____

(Die gesuchte Stadt ist: _____.)

5.1.6 Wo fehlt ein „W" / „w"?

Schauen Sie genau hin: Wo fehlt hier ein W/w? Erledigen Sie die Aufgaben a) bis c), falls sie alles schaffen. Eine Zusatzaufgabe ist d).
a) Links: Position des *W/w* suchen und es eintragen. Links: das ganze Wort schreiben.
b) In Zusammenarbeit mit dem Nachbarn die Silbenbogen unter die vollständigen Wörter zeichnen. Einer bearbeitet das erste Wort und der Nachbar sagt, ob der Silbenbogen seiner Meinung nach richtig sitzt. Beim zweiten Wort wird getauscht.
c) In Dreiergruppen den zwei Gruppenmitgliedern 5 Lieblingswörter aus der Übung diktieren und anschließend erst die 5 Lieblingswörter des einen und dann die 5 Lieblingswörter des anderen Gruppenmitglieds diktieren lassen.
d) Schreiben Sie für einen Partner 5 Wörter, in denen auch ein *W/w* fehlt. Er muss es eintragen!

	S c h w e i n	das Schwein
	S c h a l b e	die _ _ _ _ _ _ _ _
	L ö e	der _ _ _ _
	u r m	der _ _ _ _
	e s p e	die
	M ö e	die
	H u n d e s c h a n z	der
	a l	der
	A n t o r t	die
	B e e r b u n g	die
	S c h a r z b r o t	das
	E i n k a u f s a g e n	der
	u r z e l	die
	S c h u r	der
	S c h e s t e r	die

5.2 Lückendiktat: Welche Buchstaben fehlen im Satz?

Als Hilfe für das folgende Diktat sind die Konsonanten schon vorhanden, so dass Sie nur noch die Vokale eintragen müssen. Auf der nächsten Seite, die als Wiederholung dient, schreiben Sie dann die Konsonanten. Sehen Sie genau hin und schreiben Sie nur die Buchstaben, die fehlen.
a) Ohne zu schreiben der Lehrperson zuhören, die alle Sätze einmal langsam vorliest.
b) Schreiben, während die Lehrperson jeden Satz einzeln mehrmals vorliest.
c) Im Plenum (oder für sichere Lerner: in der Kleingruppe mit Hilfe der Folgeseite) korrigieren.
d) Zu Hause eine Top-5-Liste der Fehler anfertigen, über die Sie sich geärgert haben. Schreiben Sie dabei jedes der fünf Wörter in korrigierter Form untereinander unten auf S. 67 und markieren Sie die Stellen, die vorher falsch waren. In der nächsten Sitzung vergleichen Sie Ihre Top-5-Liste mit den Listen anderer Teilnehmer.

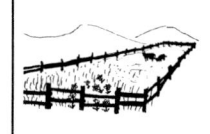

1. D<u>ie</u> Blu<u>me</u>n bl<u>üh</u>en <u>auf</u> d<u>er</u> W<u>eide</u>.

2. M<u>eine</u> Schw__st__r __st __m Kr__nk__nh____s.

3. <u>Einige</u> Fl__m__ng__s l__b__n __n __fr__k__.

4. D____ Fl__h__ spr__ng__n ____f d__n T__sch.

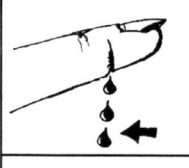

5. M____n F__ng__r bl__t__t.

6. W__r br__t__n gr__n__n P__pr__k__.

7. D____ Sch__l__r schr____b__n __ns H__ft.

8. D____ R__ng__ gl__tz__rn __m Sch____f__nster.

9. __ch tr__g__ ____n__ schw__r__ ____nk____fst__t__.

Wiederholung des Diktates mit vorgegebenen Vokalen

1. _ie _ _u_e_ _ _ü_e_ au_ __e_ _ei__e.

2. _ei_e _ _ _ _e_ _e_ i_ _ i_ _ _ _a_ _e_ _au_.

3. Ei_i_e _ _a_i_o_ _e_e_ i_ A_ _i_a.

4. _ie _ _ö_e _ _ _ _i_ _e_ au_ _e_ _i_ _ _.

5. _ei_ _i_ _e_ _ _u_e_.

6. _ _i_ _ _a_e_ _ _ü_e_ _a_ _i_a.

7. _ie _ _ _ü_e_ _ _ _ _ei_e_ i_ _ _e_ _.

8. _ie _i_ _e _ _i_ _e_ _ i_ _ _ _au_e_ _ _e_.

9. I_ _ _ _a_e_ ei_e _ _ _ _ _e_e Ei_ _au_ _ _ü_e.

Top-5 meiner ärgerlichsten Fehler

1.	4.
2.	5.
3.	

Trödlien?
Werbung

5.3 Positionierung einmal anders

Zuvor haben Sie in den Aufgaben dieser Lektion häufig die Position eines vorgegebenen Buchstabens in Einzelwörtern gesucht. Bei diesem Spiel sind dagegen alle Buchstaben eines Wortes gegeben und Sie müssen für jeden von ihnen die richtige Position finden. Wie das geht?
a) Partner suchen.
b) Aus einem Buch die Spieler mit den Buchstaben auf den Trikots ausschneiden.
c) Den Sätzen 1-8 die Position der Spieler im Spielfeld links entnehmen.
d) Das Wort, das sich aus der Aufstellung der Fußballer ergibt, auf die freie Linie eintragen.
e) Nach Vergleich mit den anderen oder dem Lösungsteil die Spieler auf dem Feld festkleben.

WM 2008
Trödlien gegen Laufland

Wir sind begeisterte Trödlier. Der Stand ist zur Zeit 2:1 für Laufland. Aber unsere Leute geben sich Mühe:

1.	**T** hütet das trödlerische Tor auf der rechten Seite. Er ist unser Torwart.
2.	**A** rast bis vor das gegnerische Tor. Er ist einer unserer Stürmer.
3.	**I** rutscht leider vor unserem Torwart auf dem Rasen aus.
4.	**B** befindet sich links neben der Linie, die das Feld teilt.
5.	**L** ist direkt hinter **A** und vor **B**.
6.	**E** bewacht einen Stürmer der Gegner. Er ist links neben **I**.
7.	**Z** bekam erst die gelbe Karte. Nun wartet er zwischen **B** und **E** auf den Ball.
8.	**H** hat den Ball des trödlerischen Angreifers gefangen! Er ist der Torwart von Laufland

So ein Pech! Kein Ausgleich für uns. Und nun ist auch schon: _____ !

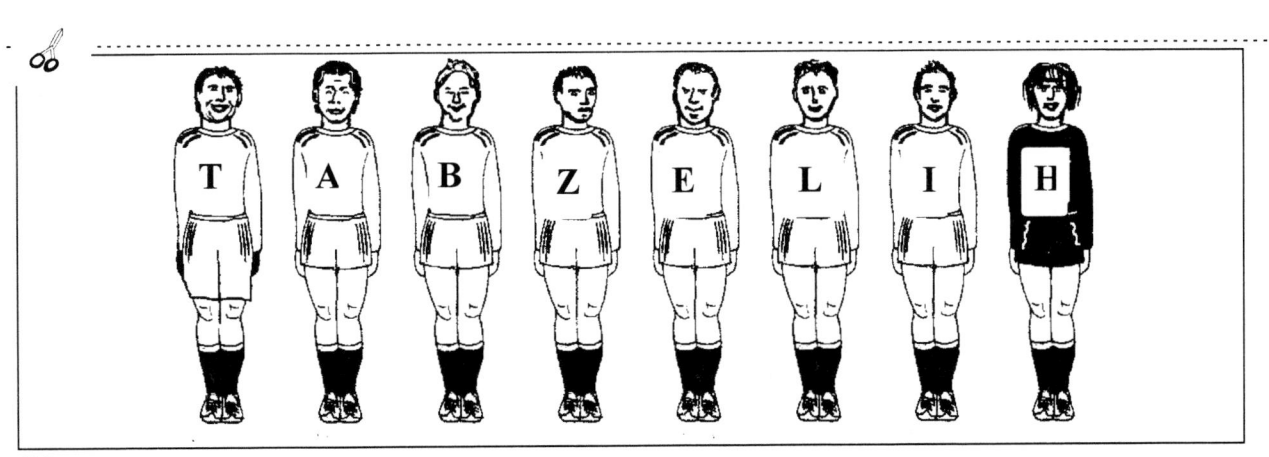

5.4 Welche Wörter erkennen Sie?

> In dieser Aufgabe geht es darum, bisher bekannte Wörter unter unbekannten Wörtern wiederzuerkennen. Schauen Sie sich die ganzen Wörter an und kreuzen Sie die an, die in den Lektionen bereits vorgekommen sind, ohne sie Buchstabe für Buchstabe zu erlesen.
> a) Bekannte Wörter nach kurzem Ansehen ankreuzen.
> b) Ergebnisse im Plenum vorlesen und mit den anderen Teilnehmern (oder mit dem Lösungsteil) vergleichen.
> c) Wie schnell erkennen Sie bereits bekannte Wörter? Schnell? Mittel? Langsam?

1. der Arm	✗ z.B. 3.3.3
2. die Schachtel	
3. das Altertum	
4. das Auto	
5. der Knoten	
6. die Ameise	
7. der Hamster	
8. der Knochen	
9. das Schaf	
10. das Schaufenster	
11. die Ringe	
12. das Hotel	
13. die Hose	
14. der Reiter	
15. die Dusche	
16. die Oma	

5.5 Schreibanlass: Mitteilungsbedürfnis

Sich anderen mitzuteilen gehört zu den Kernbedürfnissen des Menschen. Auf dieser Seite haben Sie die Möglichkeit, den anderen Kursteilnehmern etwas von sich, Ihrem Leben und Ihren Vorlieben zu präsentieren. Der Platz reicht für Ihre eigenen Einträge und die eines anderen Kursteilnehmers, von dem Sie gern mehr erfahren würden. Schauen Sie genau hin, nach welcher Information in der jeweiligen Zeile gefragt wird.
Je nach Können schreiben Sie ganze Sätzen oder einzelne Wörter.
Wenn bei der Verwendung neuer Wörter mit speziellen Rechtschreibproblemen (Dopplung, Dehnung) Fehler entstehen, werden diese korrigiert, aber noch nicht weiter thematisiert.

Datum: ___.___._____   Foto

Wie lautet dein Name? _____

In welchem Land bist du geboren? _____

An welchem Tag wurdest du geboren? _____

Was magst du besonders gern essen und trinken? _____

Was magst du überhaupt nicht gern essen? _____

Hast du Kinder? _____

Was mögen deine Kinder gern essen und trinken? _____

Was tust du am Wochenende gerne? _____

Wo würdest du gern einmal Urlaub machen? _____

Was schaust du dir gern im Fernsehen an? _____

Was magst du in der Schule gern tun? _____

Was magst du in der Schule nicht so gerne? _____

Welchen Buchstaben magst du gerne? _____

Welchen Buchstaben magst du nicht? _____

Was wünschst du dir für die Zukunft? _____

Datum: ___.___._____   Foto

Wie lautet dein Name? _____

In welchem Land bist du geboren? _____

An welchem Tag wurdest du geboren? _____

Was magst du besonders gern essen und trinken? _____

Was magst du überhaupt nicht gern essen? _____

Hast du Kinder? _____

Was mögen deine Kinder gern essen und trinken? _____

Was tust du am Wochenende gerne? _____

Wo würdest du gern einmal Urlaub machen? _____

Was schaust du dir gern im Fernsehen an? _____

Was magst du in der Schule gern tun? _____

Was magst du in der Schule nicht so gerne? _____

Welchen Buchstaben magst du gerne? _____

Welchen Buchstaben magst du nicht? _____

Was wünschst du dir für die Zukunft? _____

5.6 Kreuz- und Quer-Spiel

Den Abschluss der fünften Lektion bildet wieder das Spiel, bei dem Sie nur Verbindungslinien zu ziehen brauchen. Verbinden Sie das Bild links mit dem dazugehörigen Wort.

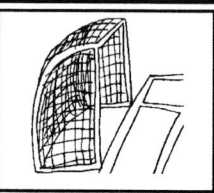

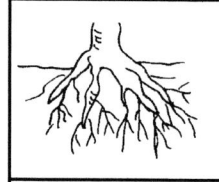

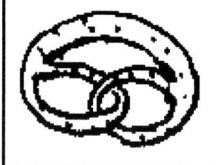

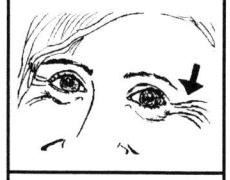

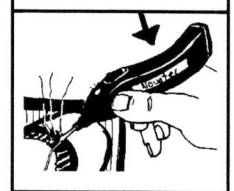

- **der Regenschirm**
- **der Stürmer**
- **das Tor**
- **die Brezel**
- **der Lötkolben**
- **die Falten**
- **die Wurzel**
- **der Wal**
- **der Hubschrauber**

Lektion 6   Erste Schwierigkeiten bei der Lautierung
6. 1 Übungen zur Unterscheidung von Konsonanten
6.1.1 Die Unterscheidung zwischen „Sch"/ „sch", „Sp"/ „sp" und „St"/ „st"

Möglicherweise ist Ihnen beim Vorlesen und Vorsprechen aufgefallen, dass viele Wörter in diesem Buch den Laut *sch*, [ʃ], enthalten. Dazu gehören auch Wörter wie „springen", „sprechen", „stark" oder „Strich". Beim Lesen ist also darauf zu achten, dass *sp* und *st* am Wortanfang [ʃp] und [ʃt] gesprochen werden. In der Wortmitte, wie in „Fenster", „Geschwister" oder „verhaspeln", wird dagegen das sichtbare [s] ausgesprochen. Zum Üben nehmen Sie sich bitte die folgenden Aufgaben vor. Wählen Sie nach b) zwischen c) und d): Wer sich noch etwas unsicher ist und etwas „Leichtes" braucht, wählt c). Wer sich schon ziemlich sicher ist und eine Herausforderung sucht, erledigt d). Für die Schnellen, die nichts mehr zu tun haben, wenn sich die anderen noch mit den Aufgaben a) bis c) bzw. d) beschäftigen, haben wir uns e) ausgedacht.

a) Gemeinsam mit der Lehrperson die Unterscheidungstabelle betrachten.
b) Eigenständig die richtige Buchstabenkombination in die Lücken auf der nächsten Seite schreiben, nachdem die Lehrperson die gesuchten bebilderten Wörter vorgesprochen hat.
c) Die vervollständigten Wörter anschließend in die passende Spalte der nachstehenden Tabelle eintragen, natürlich mitsamt dem Artikel.
d) Aus einigen der Lückenwörter und weiteren Wörtern eine kleine Geschichte schreiben, z.B. „Wir **st**ehen im **St**au. Hinter uns sind Autos und vor uns sind Autos. Durch mein Fen**st**er sehe ich zwei Leute, die sich **st**reiten. Weiter links sitzt ein Kind auf einer **Sch**aukel. Warum ist es nicht in der **Sch**ule? Jemand **sch**reit: Wir **st**ehen hier schon seit einer **St**unde! Er hat **Sch**aum vorm Mund. Mein Bruder neben mir kaut aus Langeweile auf einem **St**ift. Sein Mund ist **sch**warz. In meinen Fingern **sch**milzt die gute **Sch**okolade. **St**aus sind blöd, genauso blöd wie **Sp**ort."
e) Das Lehrbuch vom Anfang bis zu dieser Seite nach Wörtern absuchen, die *sch*, *sp* oder *st* am **Wortanfang** enthalten, und sie in die Tabelle der Aufgabe c) eintragen.

	Sch / sch		**Sp / sp**		**St / st**	
[ʃ]		das **Sch**af		**sp**ringen		der **St**ern
	ʃ	die **Sch**ale	ʃp	die **Sp**irale	ʃt	**st**ark
		schwach		der **Sp**argel		die **St**ereoanlage
	sch		**sp**		**st**	
[s]		das Rö**sch**en		die We**sp**e		ko**st**en
	sç	das Glä**sch**en	sp	der Ka**sp**er	st	die Kru**st**e

73

1. Ich esse gern **Sp**inat.
2. Die Autos stehen im ____au.
3. Renate und Emil essen Kuchen mit ____reuseln.
4. Unsere Nachbarn haben oft ____reit.
5. Wir gehen in die ____ule.
6. Die Flöhe ____ringen hoch.
7. Abdul kauft sich einen neuen ____rank.
8. Bitte ____rich deutlich, damit ich dich verstehe.
9. Sechzig Minuten sind eine ____unde.
10. Ich schreibe mit dem blauen ____ift.
11. Die Brüder sitzen auf der ____aukel.
12. Tuna lernt die deutsche ____rache.
13. Das sind schöne ____eine.
14. Ich habe dir köstliche ____okolade mitgebracht.
15. Schalte sofort den ____rom ab.
16. Wir machen gemeinsam ____ort.
17. Der Arzt gibt mir eine ____ritze.

Sch / sch	Sp / sp	St / st

Eine kleine Geschichte mit „Sch"/ „sch", „Sp"/ „sp" und „St"/ „st"

_____

_____

_____

_____

_____

6.1.2 Die Unterscheidung zwischen „G"/ „g" und „K"/ „k"

a) Wörter aus der Übersichtstabelle vorlesen lassen und deutlich nachsprechen.
b) Beim Hören der 23 Sätze entscheiden, ob in die Lücke ein *g* oder ein *k* gehört und ausfüllen.
c) Die Silbenbogen unter die Lückenwörter zeichnen.
d) Im Plenum reihum alle Sätze vorlesen.
e) Von der Lehrperson einige der Lückenwörter diktieren lassen und ins Heft schreiben.
f) Mit diesen Wörtern in Kleingruppen mindestens 4 neue Sätze erfinden und aufschreiben.
g) Im Buch blättern, weitere Wörter mit *g* und *k* suchen und in eine Tabelle ins Heft schreiben.

G / g		K / k	
	die **G**abel		das **K**ino
	die **G**ans		die **K**iwi
	die Fin**g**er		der **H**aken

K / k oder G / g?

1. Ich habe blaue Au**g**en.

2. Omar reitet auf einem __amel.

3. Ich bü__ele die Hosen.

4. Der Flamin__o ist rosa.

5. Er kauft zwei __ilo Nudeln.

6. Wir mögen Fei__en.

7. Ich gebe Rau__e in den Salat.

8. Die Sau hat drei bezaubernde Fer__el.

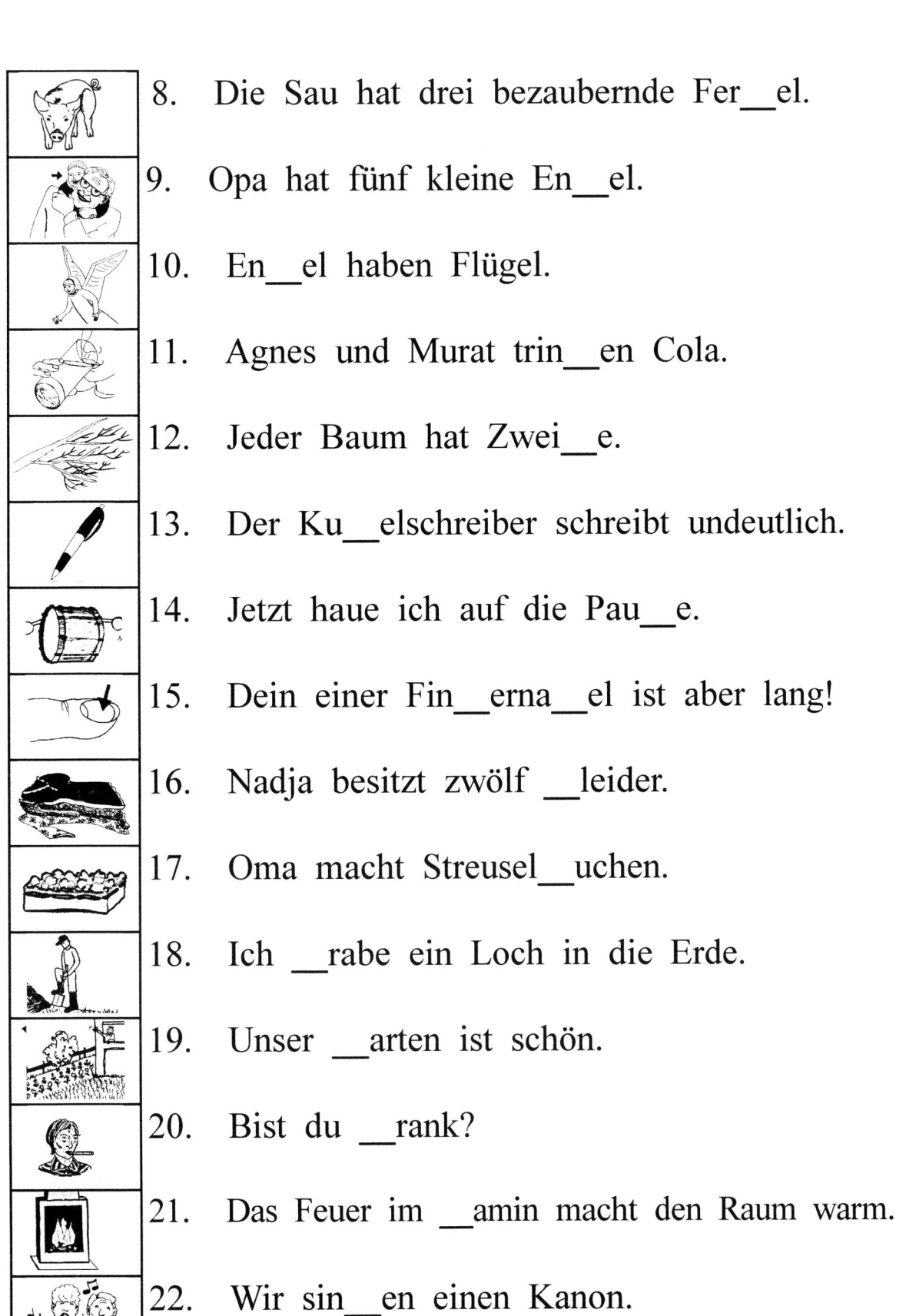

9. Opa hat fünf kleine En__el.

10. En__el haben Flügel.

11. Agnes und Murat trin__en Cola.

12. Jeder Baum hat Zwei__e.

13. Der Ku__elschreiber schreibt undeutlich.

14. Jetzt haue ich auf die Pau__e.

15. Dein einer Fin__erna__el ist aber lang!

16. Nadja besitzt zwölf __leider.

17. Oma macht Streusel__uchen.

18. Ich __rabe ein Loch in die Erde.

19. Unser __arten ist schön.

20. Bist du __rank?

21. Das Feuer im __amin macht den Raum warm.

22. Wir sin__en einen Kanon.

23. Familie Küne hat drei __inder.

6.1.3 Auflockerung: Wörtersuche zum Thema „Körper und Gesundheit"

Jetzt müssen Sie wieder genau hinsehen. In dem Durcheinander aus Buchstaben sind 8 Wörter versteckt. Gehen Sie dieses Mal mit dem Blick **senkrecht** Spalte für Spalte durch das Raster und umkreisen Sie die Wörter wie im Beispiel vorgegeben. Damit Sie wissen, welche Wörter gesucht werden, stehen oben wieder die Abbildungen. Kurz:
 a) Wörter zu den Abbildungen suchen und einrahmen.
 b) Gefundene Wörter mit Artikel unten ins Buch schreiben.
 c) Als Zusatzaufgabe können Sie außerdem den Namen eines Nachbarlandes von Deutschland suchen. Tipp: Es liegt östlich von Deutschland.

Ü	K	A	Ö	E	O	Ü	T	O	J	F	M	K
C	N	K	B	L	B	K	O	F	B	R	R	R
H	Ö	C	K	K	E	M	Q	I	E	A	Y	A
S	C	M	K	I	R	J	T	N	R	U	I	N
C	H	Y	B	H	S	Ü	W	G	S	G	L	K
L	E	B	R	E	C	P	M	E	C	K	X	E
Ö	L	R	U	F	H	S	S	R	H	N	Ö	N
P	A	A	S	W	E	T	V	N	E	O	Ü	H
O	U	U	T	Z	N	U	L	A	N	C	B	A
L	W	E	H	G	K	V	I	G	Z	H	P	U
E	F	Q	R	R	E	W	N	E	R	E	L	S
N	E	B	I	V	L	X	Ö	L	P	N	A	X

Die Wörter sind:

1. _____, 2. _____, 3. _____, 4. _____

5. _____, 6. _____, 7. _____, 8. _____

(Das gesuchte Land ist: _____.)

6.1.4 Die Unterscheidung zwischen „M"/ „m" und „N"/ „n"

a) Wörter aus der Übersichtstabelle vorlesen lassen und deutlich nachsprechen.
b) Beim Hören der nachfolgenden 26 Sätze entscheiden, ob in die Lücke ein *m* oder ein *n* gehört. Die Lücken füllen.
c) Die Silbenbogen unter die Lückenwörter zeichnen.
d) Im Plenum reihum alle Sätze vorlesen.
e) Von der Lehrperson 5 Lückenwörter diktieren lassen und mit Artikel ins Heft schreiben.
f) Mit diesen Wörtern in Kleingruppen mindestens 4 neue Sätze erfinden und aufschreiben.
g) Im Buch blättern, weitere Wörter mit *m* und *n* suchen und in eine Tabelle ins Heft schreiben.

M / m	N / n
Spricht man *M / m*, ist der Mund geschlossen:	Spricht man *N / n*, sind die Schneidezähne zu sehen:
die Meise	die Note
der Mond	die Nase
das Kamel	die Banane

M / m oder N / n?

1. Vorsicht, da ist eine __ade im Apfel!

2. Mein __achbar harkt das Laub.

3. Ich wünsche dir eine gute __acht.

4. Die __aus sucht etwas zu essen.

5. Mach ruhig das Feuer im Ka__in an!

6. Ich mag eiskalte Li__onade.

7. Ist elf __inus zwei gleich acht?

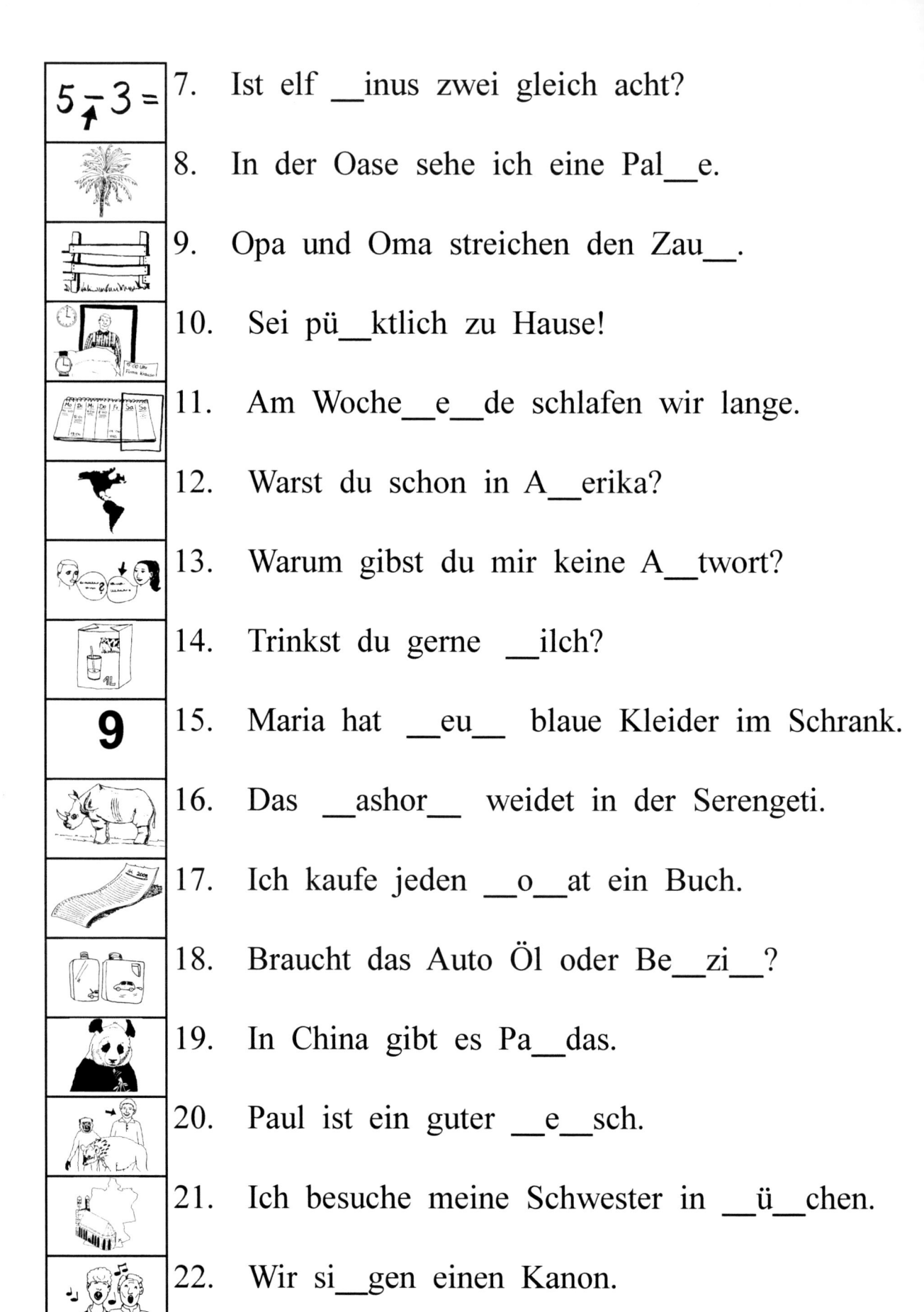

8. In der Oase sehe ich eine Pal__e.

9. Opa und Oma streichen den Zau__.

10. Sei pü__ktlich zu Hause!

11. Am Woche__e__de schlafen wir lange.

12. Warst du schon in A__erika?

13. Warum gibst du mir keine A__twort?

14. Trinkst du gerne __ilch?

15. Maria hat __eu__ blaue Kleider im Schrank.

16. Das __ashor__ weidet in der Serengeti.

17. Ich kaufe jeden __o__at ein Buch.

18. Braucht das Auto Öl oder Be__zi__?

19. In China gibt es Pa__das.

20. Paul ist ein guter __e__sch.

21. Ich besuche meine Schwester in __ü__chen.

22. Wir si__gen einen Kanon.

23. Die Kinder suchen am Strand nach __uscheln.

24. Freust du dich auf den Wi__ter?

25. Wir mögen die __atur.

26. Dort heult eine ganze __eute von Wölfen.

6.1.5 Die Unterscheidung zwischen „Sch"/„sch" und „Ch"/„ch"

Auch *Sch/sch* und *Ch/ch* kann man verwechseln und daher falsch aufschreiben oder vorlesen. Zur Übung dienen die bekannten Aufgaben a) bis g).
a) Wörter aus der Übersichtstabelle vorlesen lassen und deutlich nachsprechen.
b) Beim Hören der Sätze entscheiden, ob in die Lücke ein *sch* o. ein *ch* gehört; Lücken füllen.
c) Die Silbenbogen zu den Lückenwörtern ziehen.
d) Im Plenum reihum alle Sätze vorlesen.
e) Von der Lehrperson einige der Lückenwörter diktieren lassen und ins Heft schreiben.
f) Mit diesen Wörtern in Kleingruppen neue Sätze erfinden und aufschreiben.
g) Im Buch blättern, weitere Wörter mit *sch* u. *ch* suchen und in eine Tabelle ins Heft schreiben.

Sch / sch		Ch / ch		
	das Schaf		[ç] Aussprachevariante nach (und vor) i, e, ü, ö, ei, eu	das Licht
	die Schuhe			China
	die Dusche		[x] Aussprachevariante nach a, o, u, au	das Dach
	der Fisch			der Docht

Sch/sch oder Ch/ch?

1. Ich la**ch**e über seinen Witz.
2. Trägt mir mal jemand die Ta___e?!
3. Mein Knö___el schmerzt.
4. Atakan möchte endlich ein ganzes Bu___ lesen.
5. Wir ___reiben Wörter in das Heft.
6. Nachts ___narcht Opa laut.
7. Ich bin überhaupt nicht ___wach!
8. Aber das Paket ist ___wer.
9. Wir spre___en leise, weil die Kinder schlafen.
10. Na___ts ist es dunkel.
11. Die Frau links ist ___lank.
12. Gehe an der Kreuzung nach re___ts.
13. Findest du im Dunkeln den Li___t___alter?
14. Das Ei___hörn___en lebt im Baum.
15. Die Firma schenkt den Kunden Kugel___reiber.
16. Das ___wein trinkt Wasser.

17. Die Schokolade landet im Bau___.

18. Ich stehe vor dem Kino ___lange.

19. Der neue Ko___ ist super.

20. Im Be___er ist warme Milch.

21. Hören Sie, die Bröt___en sind aber von gestern!

22. Im Park gibt es Blumen und alte Bu___en.

23. Die Früchte der Ei___e sind die Eicheln.

24. Der Hub___rauber schwebt durch die Luft.

Zusatzaufgabe: Fragen beantworten

1. Was macht Opa nachts?		Er schnarcht.
2. Was möchte Atakan lesen?		Ein
3. Wo landet die Schokolade?		
4. Was schwebt durch die Luft?		
5. Wer ist super?		

6.1.6 Zur Auflockerung: Wer ist wer?

? Wenn Sie herausbekommen wollen, wie die im oberen Seitenteil abgebildeten Personen heißen, brauchen Sie nur die unten gedruckten Sätze zu lesen und die beschriebenen Tätigkeiten mit den gezeichneten Tätigkeiten zu vergleichen. Wenn Sie wissen, wer wer ist, dann tragen Sie mit Bleistift den Namen in das jeweilige Bild ein.
a) Bilder ansehen und lesen.
b) Namen eintragen und Ergebnis mit anderen vergleichen, die diese Aufgabe gelöst haben.

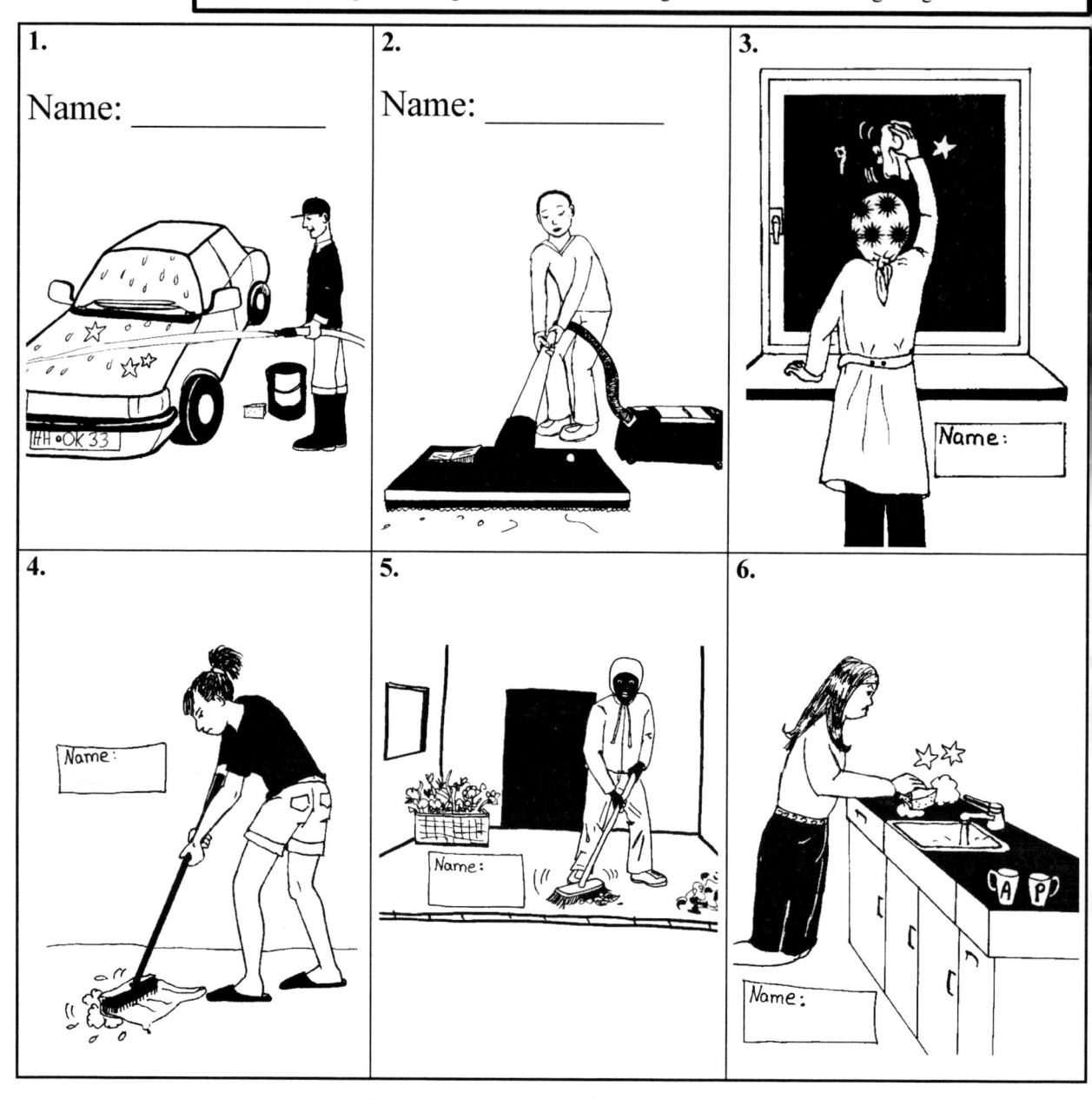

1. Name: _____
2. Name: _____
3. Name: _____
4. Name: _____
5. Name: _____
6. Name: _____

Agnes putzt die Küche.
Ali wäscht das Auto.
Moni reinigt die Fenster.
Senfo fegt den Hof.
Kim saugt Staub.
Nihal wischt den Boden.

6.1.7 Die Unterscheidung zwischen „B"/ „b" und „P"/ „p"

a) Wörter aus der Übersichtstabelle vorlesen lassen und deutlich nachsprechen.
b) Beim Hören der 26 Sätze entscheiden, ob in die Lücke ein *b* oder ein *p* gehört; Lücken füllen.
c) Die Silbenbogen unter die Lückenwörter zeichnen.
d) Im Plenum reihum alle Sätze vorlesen.
e) Von der Lehrperson 5 der Lückenwörter diktieren lassen und ins Heft schreiben.
f) Mit diesen Wörtern in Kleingruppen mindestens 4 neue Sätze erfinden und aufschreiben.
g) Im Buch blättern, weitere Wörter mit *b* und *p* suchen und in eine Tabelle ins Heft schreiben.

B / b	P / p
Spricht man *B / b* vor einer Kerze, brennt sie weiter:	Spricht man *P / p* vor einer Kerze, pustet man die Flamme (fast) aus:
der **B**auch	der **P**ilz
der **B**auer	das **P**aket
der Kna**b**e	die Rau**p**e

B / b oder P / p?

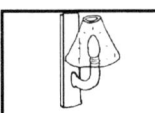

1. Mach bitte die Lampe an!

2. Ich esse Schwarz__rot.

3. Euro__a ist ein Kontinent.

4. Ich fege den Hof mit dem __esen.

5. Die __ilder sind an der Wand.

6. Wir __raten Pilze und Lauch.

7. Wie hoch ist der __reis?

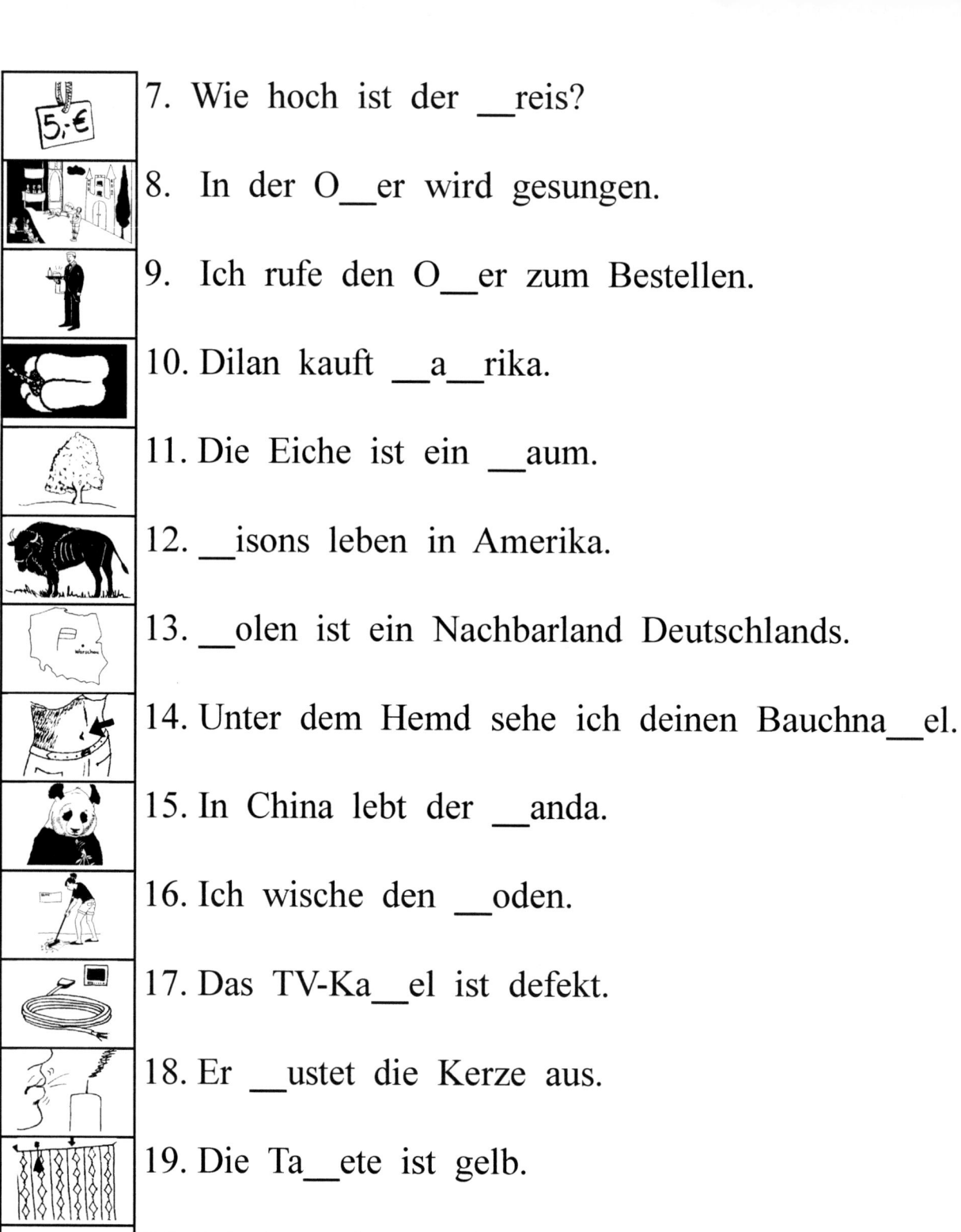

8. In der O__er wird gesungen.

9. Ich rufe den O__er zum Bestellen.

10. Dilan kauft __a__rika.

11. Die Eiche ist ein __aum.

12. __isons leben in Amerika.

13. __olen ist ein Nachbarland Deutschlands.

14. Unter dem Hemd sehe ich deinen Bauchna__el.

15. In China lebt der __anda.

16. Ich wische den __oden.

17. Das TV-Ka__el ist defekt.

18. Er __ustet die Kerze aus.

19. Die Ta__ete ist gelb.

20. Ich lese ein __uch.

21. Der Vogel hat einen Schna__el.

22. Opa braucht zum Lesen eine Lu__e.

23. Ich wasche nur noch die letzte Ga__el ab.

24. Au! Die Wes__e hat mich gestochen.

25. Bring bitte das Paket zur __ost.

26. Das war __rima!

6.1.8 Die Unterscheidung zwischen „S"/„s" und „Z"/„z"

a) Wörter aus der Übersichtstabelle vorlesen lassen und deutlich nachsprechen.
b) Beim Hören der 26 Sätze entscheiden, ob in die Lücke ein *s* oder ein *z* gehört; Lücken füllen.
c) Die Silbenbogen zu den Lückenwörtern ziehen.
d) Im Plenum reihum alle Sätze vorlesen.
e) Von der Lehrperson einige der Lückenwörter diktieren lassen und ins Heft schreiben.
f) Mit diesen Wörtern in Kleingruppen neue Sätze erfinden und aufschreiben.
g) Im Buch blättern, weitere Wörter mit *s* und *z* suchen und in eine Tabelle ins Heft schreiben.

S / s	Z / z
die Seife	die Zehen
die Nase	die Zunge
die Reuse	die Lanze

S / s oder Z / z?

1. Wir essen oft Rosinen.

2. Andere Leute essen öfter __wetschgen.

3. Mein Auto braucht eine Menge Ben__in!

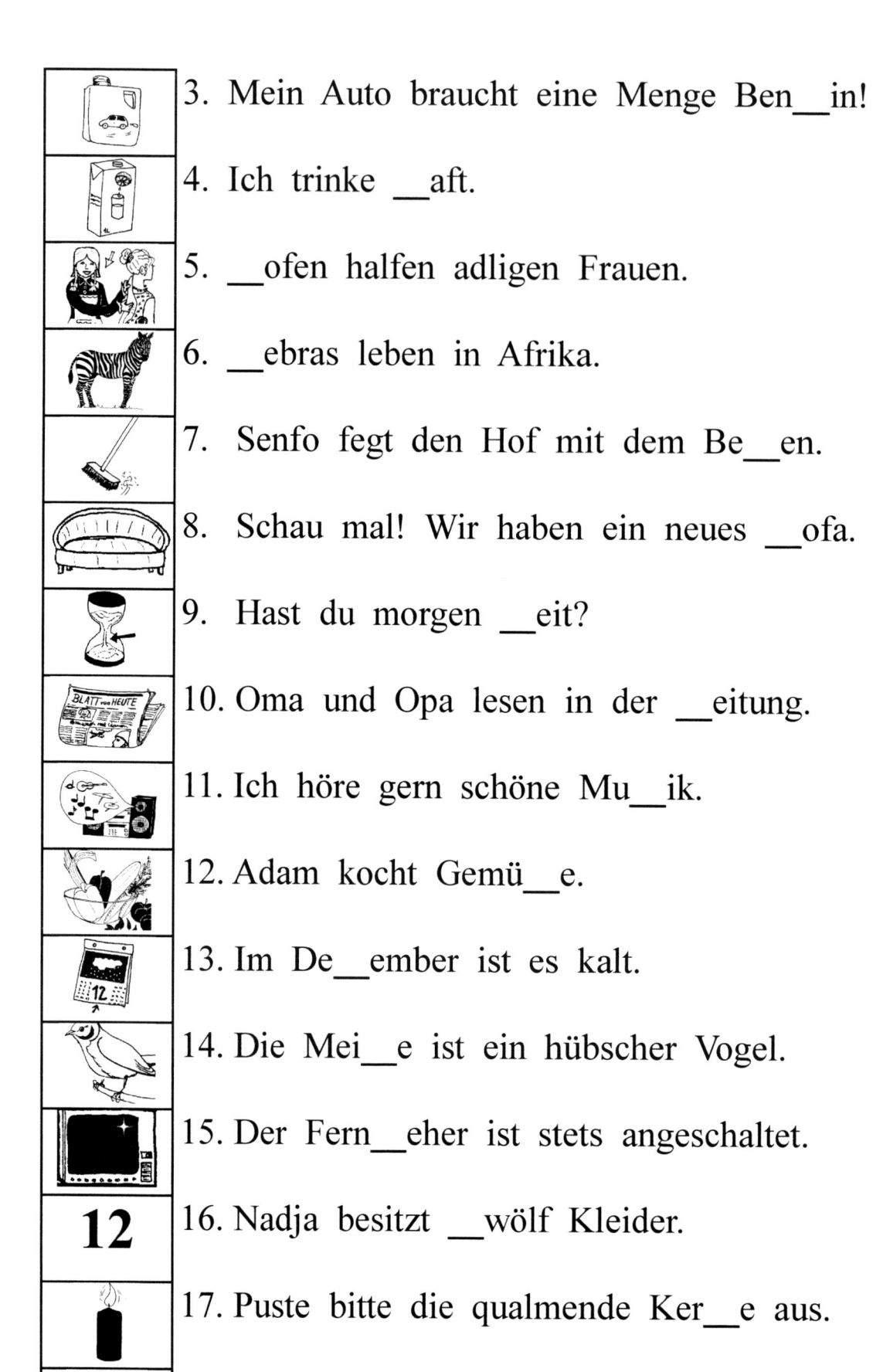

4. Ich trinke __aft.

5. __ofen halfen adligen Frauen.

6. __ebras leben in Afrika.

7. Senfo fegt den Hof mit dem Be__en.

8. Schau mal! Wir haben ein neues __ofa.

9. Hast du morgen __eit?

10. Oma und Opa lesen in der __eitung.

11. Ich höre gern schöne Mu__ik.

12. Adam kocht Gemü__e.

13. Im De__ember ist es kalt.

14. Die Mei__e ist ein hübscher Vogel.

15. Der Fern__eher ist stets angeschaltet.

16. Nadja besitzt __wölf Kleider.

17. Puste bitte die qualmende Ker__e aus.

18. Er wird morgen zum Ar__t gehen.

19. Wer __itzt da auf der Bank?

20. Moni kauft __wanzig frische, rote Tomaten.

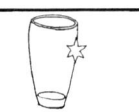

21. Wer hat aus meinem Gla__ getrunken?

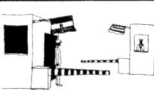

22. Die Beamten an der Gren__e wirken streng.

23. Der arme E__el ist krank!

24. Ich würde gern Fran__ösisch lernen.

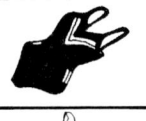

25. Mein alter Badean__ug ist mir leider zu eng.

26. Diese Übung habe ich __uper gemacht!

Zusatzaufgabe: Sätze vervollständigen

1. Der arme ...		Esel ist krank.
2. Nadja besitzt ...	12	
3. Diese Übung habe ich ...		
4. Die Beamten an der ...		
5. Puste die qualmende ...		

6.1.9 Auflockerung: Was habe ich vergessen?

Vergleichen Sie die Waren auf dem Transportband vor der Kasse sorgfältig mit den Dingen, die ich mir auf den Einkaufszettel geschrieben habe. Ich habe mal wieder nicht an alles gedacht... Was habe ich heute vergessen, weil ich im Supermarkt nicht auf den Zettel geguckt habe?

____ _____ ist leider nicht im Einkaufskorb gewesen!

Einkaufszettel
1 Paprika
1 Flasche Öl
1 Flasche Spüli
1 Schachtel Tofu
1 Glas Marmelade
1 Brötchen
1 Schachtel Reis
1 Flasche Limonade

6.1.10 Die Unterscheidung zwischen „D"/ „d" und „T"/ „t"

a) Wörter aus der Übersichtstabelle vorlesen lassen und deutlich nachsprechen.
b) Beim Hören der 26 Sätze entscheiden, ob in die Lücke ein *d* oder ein *t* gehört; Lücken füllen.
c) Die Silbenbogen zu den Lückenwörtern ziehen.
d) Im Plenum reihum alle Sätze vorlesen.
e) Von der Lehrperson einige der Lückenwörter diktieren lassen und ins Heft schreiben.
f) Mit diesen Wörtern in Kleingruppen neue Sätze erfinden und aufschreiben.
g) Im Buch blättern, weitere Wörter mit *d* und *t* suchen und in eine Tabelle ins Heft schreiben.

D / d		T / t	
	das **D**ach		die **T**afel
	der **D**elfin		der **T**ischler
	die Klei**d**er		die **T**oma**t**e

D / d oder T / t?

1. Mach mir mal die **D**ose auf!

2. Morgens esse ich gerne Marmela__e.

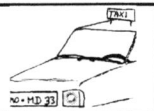

3. Rufst du mir ein __axi?

4. Ich brauche einen neuen Ba__eanzug.

5. Ist in der Flasche ein Li__er Saft?

6. Die __aschenlampe leuchtet mir den Weg.

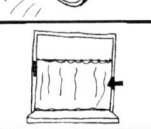

7. Die Gar__ine ist frisch gewaschen.

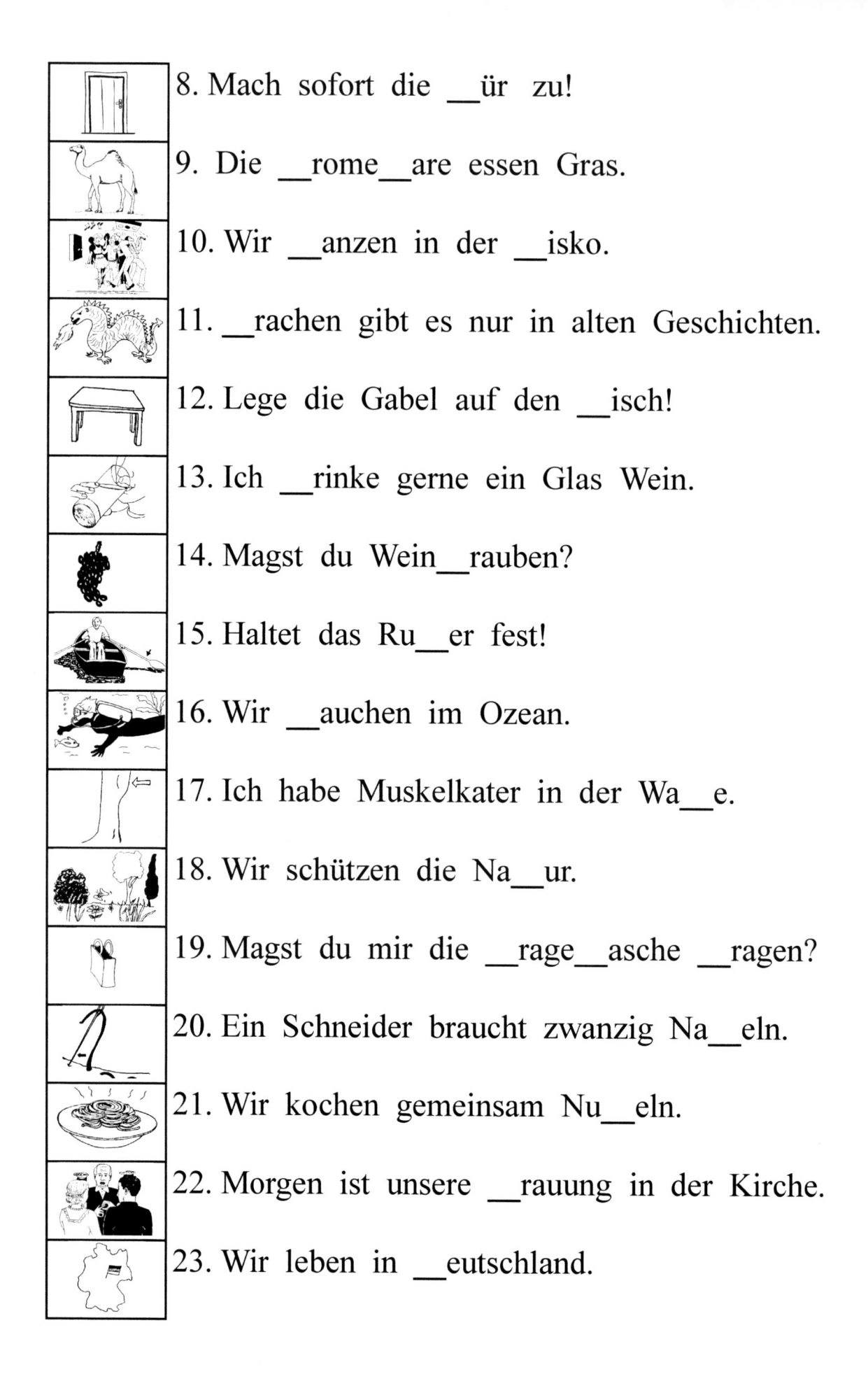

8. Mach sofort die __ür zu!
9. Die __rome__are essen Gras.
10. Wir __anzen in der __isko.
11. __rachen gibt es nur in alten Geschichten.
12. Lege die Gabel auf den __isch!
13. Ich __rinke gerne ein Glas Wein.
14. Magst du Wein__rauben?
15. Haltet das Ru__er fest!
16. Wir __auchen im Ozean.
17. Ich habe Muskelkater in der Wa__e.
18. Wir schützen die Na__ur.
19. Magst du mir die __rage__asche __ragen?
20. Ein Schneider braucht zwanzig Na__eln.
21. Wir kochen gemeinsam Nu__eln.
22. Morgen ist unsere __rauung in der Kirche.
23. Wir leben in __eutschland.

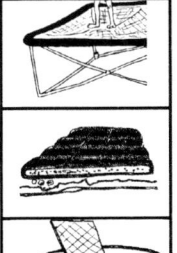

24. Der Knabe hüpft auf dem __rampolin.

25. Magst du Schokola__e?

26. Ist in der Quarkspeise Gela__ine?

6.1.11 Die Unterscheidung zwischen „F"/ „f" und „W"/ „w"

a) Wörter aus der Übersichtstabelle vorlesen lassen und deutlich nachsprechen.
b) Beim Hören der 26 Sätze entscheiden, ob in die Lücke ein *f* oder ein *w* gehört; Lücken füllen.
c) Die Silbenbogen zu den Lückenwörtern ziehen.
d) Im Plenum reihum alle Sätze vorlesen.
e) Von der Lehrperson einige der Lückenwörter diktieren lassen und ins Heft schreiben.
f) Mit diesen Wörtern in Kleingruppen neue Sätze erfinden und aufschreiben.

F / f		W / w	
	der Fisch		der Wurm
	der Frisör		der Weg
	die Tafel		die Möwe

F / f oder W / w?

1. Der Lö__e putzt sich.

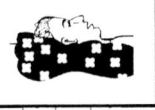

2. Ich schla__e gern lange.

3. Rufus schaut aus dem __enster.

4. Die __aschmaschine ist an.
5. Die Kinder __inken aus dem Bus.
6. Der Del__in lebt im Ozean.
7. Ist heute __reitag?
8. Mein Bruder hat eine Bau__irma.
9. Ich schreibe eine Be__erbung.
10. Sind das etwa __anzen an der Wand?
11. Ich __rage nach der Uhrzeit.
12. Ich sehe in das Schau__enster.
13. Die Kinder __einen.
14. Wir __andern in den Bergen.
15. Im __inter ist es kalt.
16. __rankreich ist ein Nachbarland Deutschlands.
17. Achtung! Da rast eine La__ine auf uns zu!
18. Ich kau__e eine neue Stereoanlage
19. Die Kara__ane sucht eine Oase.

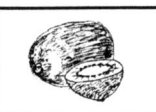

20. Möchtest du eine Ki__i essen?
21. Das sind meine __reunde. 
22. Ich __asche mein Gesicht. 
23. Warte bitte! Ich brauche noch eine __eile. 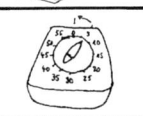
24. Dort oben ist eine __ledermaus. 
25. Wir gehen durch den __ald. 
26. __ir lernen lesen und schreiben. 

Zusatzaufgabe: Welche Wörter passen?

1. 		~~China,~~ ~~Ungarn,~~ **Deutschland**, ~~Frankreich,~~ **Land**	6. 	Schule, Frisör, Supermarkt, Bank, Schere
2. 		tanzen, graben, malen, schreiben, Disko	7. 	freuen, springen, kaufen, winken
3. 		Bauer, Frisör, Koch, Tischler, Arbeit	8. 	kochen, waschen, klingeln, fragen
4. 		Tragetasche, Taschenlampe, Taucherbrille	9. 	Schaufenster, Vogelscheuche, Braut, Freitag
5. 		Nudeln, Oregano, Quarkspeise, Tofu, Reis	10. 	Haus, Auto, Baum, Wald

6.1.12 Rätsel: Welches Lösungswort wird gesucht?

? Nach diesen vielen Unterscheidungsübungen dürfen Sie nun zur Abwechslung wieder einmal ein Rätsel lösen. Kennen Sie alle Wörter oder müssen Sie auch raten? Wenn Sie es schaffen, gilt Ihnen das Lösungswort. Wenn Sie zu Hause trainieren wollen, versuchen Sie selbst, solch ein Rätsel für einen Freund zu erstellen. Schreiben Sie genügend Wörter (aus den bisherigen Lektionen) untereinander und schauen Sie, welche Buchstaben dieser Wörter von oben nach unten ein Lösungswort bilden könnten. Zeichnen Sie dann Bilder zu den Wörtern und Linien für die Buchstaben und das Lösungswort.

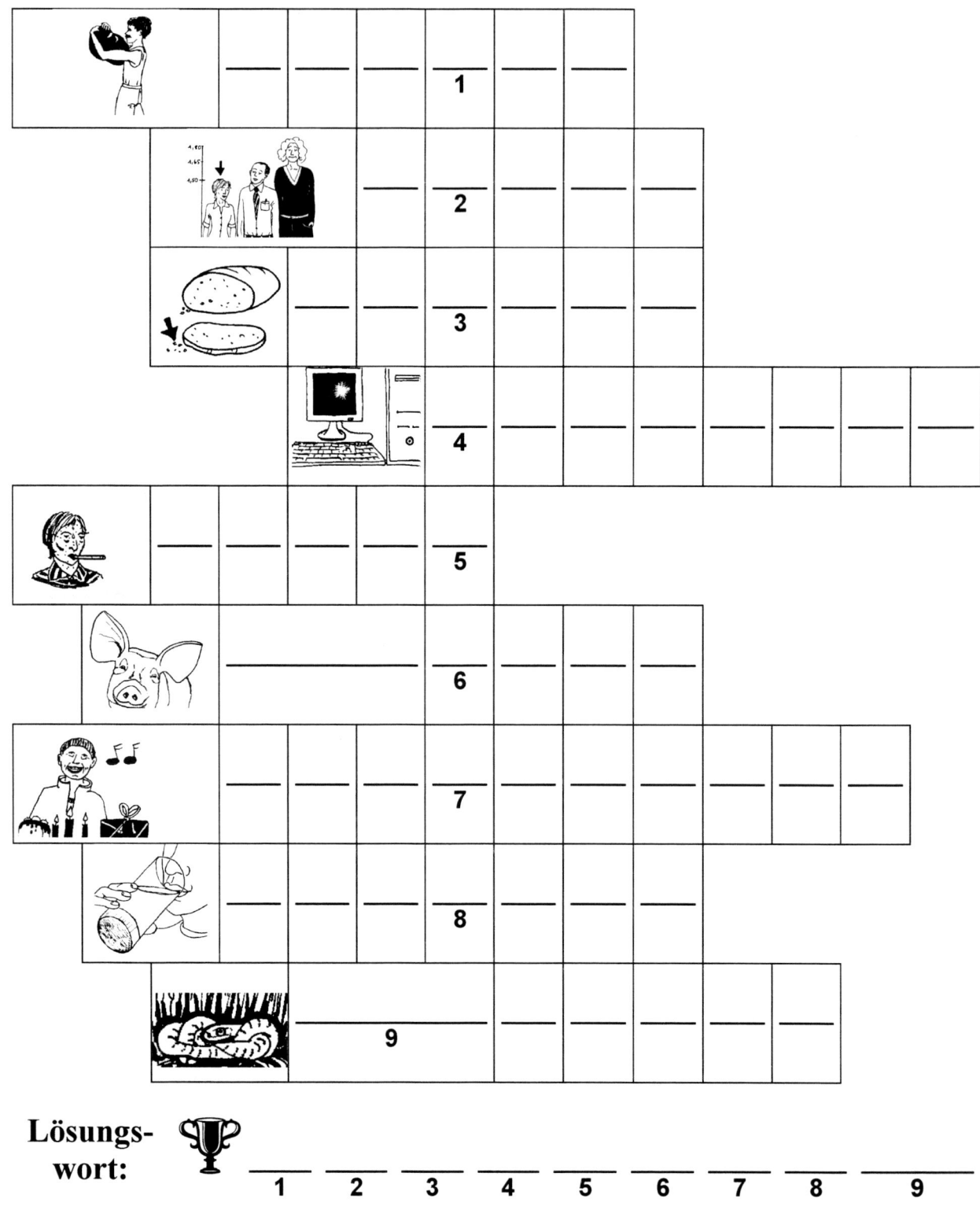

Lösungswort: _ _ _ _ _ _ _ _ _
   1 2 3 4 5 6 7 8 9

6.1.13 Wortdiktat zur Einordnung von Konsonanten

Nachdem Sie zuvor Übungen zur Unterscheidung verschiedener Konsonanten durchgeführt haben, soll hier überprüft werden, ob Sie inzwischen schon in der Lage sind, gehörte Wörter dem Buchstaben zuzuordnen, mit dem sie beginnen. Hören Sie die Wörter an, die Ihre Lehrperson Ihnen diktiert, und schreiben Sie sie in die richtige Zeile: zum Beispiel „Bild" zu *b* oder „der" zu *d*. Alle Wörter, die hier diktiert werden, finden Sie im Lösungsteil. Ihre Lehrperson wählt beliebig viele davon aus und diktiert sie bunt durcheinander. Sie können sich die Wörter natürlich auch zu Hause von einem Familienmitglied diktieren lassen und später eigenständig mit Hilfe der Lösungen kontrollieren. Viel Erfolg! Schreiben Sie nach der Korrektur zu fünf Wörtern, die Ihnen gefallen, einen Satz und probieren Sie, ob Ihr Nachbar ihn lesen und verstehen kann.

Konsonant	Wörter
B / b	das **B**ild
D / d	**d**er
F / f	die **F**eder
G / g	
H / h	
J / j	
K / k	
L / l	
M / m	
N / n	
P / p	
R / r	
S / s	
Sch / sch	
Sp / sp	
St / st	
T / t	
W / w	
Z / z	

Meine eigenen fünf Sätze

1. _____ .

2. _____ .

3. _____ .

4. _____ .

5. _____ .

6.1.14 Zur Entspannung: Silbenweben zum Thema „Supermarkt"

Zum Abschluss von 6.1 werden Sie mit einer spielerischen Aufgabe belohnt. Lesen Sie die Silben und verweben Sie sie durch verschiedenfarbige Striche zu Wörtern. Tipp: Markieren Sie die ovalen Umrandungen in der jeweiligen Strichfarbe, um die Wörter finden zu können

1. (Ein) (der) (wa) (sche)

2. (Tra) (tik) (ta) (lung) (bot)

3. (Plas) (ge) (tei) (ge)

4. (Fleisch) (kaufs) (an) (te)

5. (Son) (ab) (tü) (gen)

1. die _____   2. das _____

3. die _____   4. der _____

5. die _____

6.2 Ungespannte bzw. kurze und gespannte bzw. lange Vokale

6.2.1 Zur Unterscheidung zwischen gespanntem und ungespanntem „o" und „u"

Die Bezeichnungen „ungespannt", „offen" oder „kurz" bzw. „gespannt", „geschlossen" und „lang" sind Hilfsbezeichnungen, die darauf hinweisen, dass bestimmten Lauten, die sich ganz offensichtlich voneinander unterscheiden, nur ein orthographischer Buchstabe zugeordnet ist. Dieser hat sozusagen zwei (oder mehr) Lautvarianten. Die Unterschiede kommen durch eine leicht veränderte Stellung der „Sprechwerkzeuge" zustande. Jede Veränderung z.B. der Lippenspannung und der Zungenposition bewirkt eine Lautveränderung. Zu sehen ist das im nachstehenden Vokaltrapez, das für die Laute die Symbole der internationalen phonetischen Gesellschaft, die auch in Wörterbüchern als Aussprachehilfe zu finden sind, verwendet: [o] ist das geschlossene und meist lange *o*. [ɔ] ist das offene, meist kurze *o*. [u] ist das gespannte oder lange *u*. [ʊ] ist das ungespannte oder kurze *u*. Oft fällt besonders die Unterscheidung zwischen den beiden langen und zwischen den beiden kurzen Lauten schwer. Machen Sie daher in Ruhe mit einer Lehrperson (einer Lehrerin oder einem Familienmitglied) die 7 Ausspracheübungen. Üben Sie auch zu Hause vorm Spiegel, um Ihren Mund beobachten zu können.
Eine Lauttabelle zum Wiederholen und Nachschlagen finden Sie im Anhang auf Seite 154.

Angeleitete Ausspracheübungen am Vokaltrapez

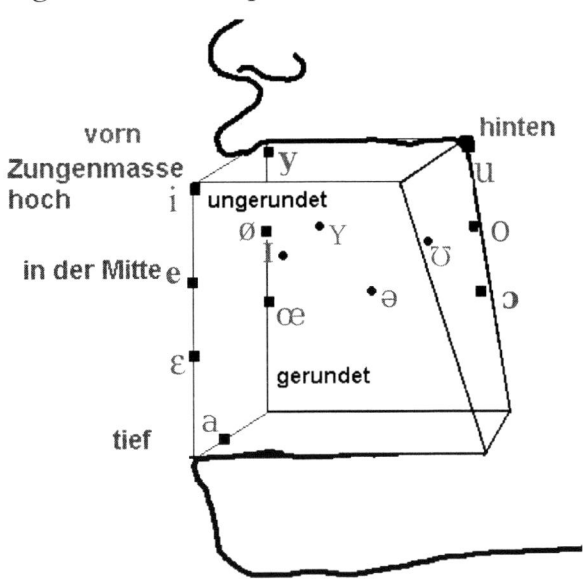

1. Wir runden die Lippen und sprechen oft nacheinander das geschlossene o und u. Wir spüren dabei, wie sich die Zunge von u in Richtung o nach unten bewegt und wie sich der Mund etwas öffnet. Im Vokaltrapez ist das daran zu erkennen, dass das o unter dem u steht.
2. Wir runden die Lippen und sprechen ein langes, geschlossenes o. Dabei machen wir nun den Mund ein wenig weiter auf. Es entsteht ein ɔ wie in „Gold", das im Vokaltrapez unter dem o steht. Während der Laut noch aus dem Mund herauskommt, schließen wir ihn wieder so weit, bis wir ein o wie in „Mond" hören. Dies wiederholen wir 5 mal. Danach beginnen wir mit einem u, das langsam in ein o und dann in ein ɔ übergeht.
3. Wir sprechen u wie in „Schule" und lockern dabei die Lippenspannung, bis wir ein ʊ wie in „Null" hören.
4. Wir sprechen ein u und halten es. Ohne abzusetzen bilden wir ein geschlossenes, langes i. Dabei spüren wir, wie sich der Zungenrücken im Mund nach vorn bewegt und wie sich die Lippen spreizen. Wir gehen zum u zurück und machen mindestens 5 Wiederholungen.
5. Wieder fangen wir mit dem u an. Dann bewegen wir den Zungenrücken ein wenig nach vorn, wie um ein i zu sprechen. Statt dessen bleiben die Lippen aber gerundet. Ein langes, geschlossenes i mit Lippenrundung ist ein langes y wie in „Übung".
6. Wir sprechen alle Vokale, die keine Lippenrundung haben und bei denen die Zungenmasse recht weit vorn im Mund liegt: i wie in „Igel", ɪ wie in „Insel", e wie in „Esel", ɛ wie in „Erde" und a wie in „Ananas". Von i nach a geht der Mund immer weiter auf.
7. Wir sprechen alle Vokale, die eine Lippenrundung haben und bei denen die Zungenmasse eher vorn im Mund liegt: y wie in „Übung", ʏ wie in „Bürste", ø wie in „böse" und œ wie in „Behörde".

Übersichtstabelle O/o und U/u

a) Wörter aus der Übersichtstabelle vorlesen lassen und nachsprechen.
b) Beim Hören der 18 Sätze entscheiden, ob in die Lücke ein gespanntes, geschlossenes, langes *o* oder ein gespanntes, geschlossenes, langes *u* gehört. Die Lücken füllen.
c) Die Silbenbogen zu den Lückenwörtern ziehen.
d) Im Plenum reihum alle Sätze vorlesen.
e) Mit der Lehrperson weitere Wörter zu allen Aussprachevarianten von o und u finden.
f) Die Schritte a-e mit den ungespannten, offenen, kurzen Varianten wiederholen.

Vokal	gespannte / geschlossene / lange Variante			ungespannte / offene / kurze Variante		
o			der M**o**nd			der Sp**o**rt
		[o]	die **O**ma		[ɔ]	der Kn**o**chen
			das F**o**to			der T**o**pf
u			der P**u**ma			der M**u**nd
		[u]	der **U**h**u**		[ʊ]	der B**u**s
			die B**u**che			die G**u**rke

Gespanntes (geschlossenes, langes) O / o oder U / u?

1. Ich kaufe neue Sch**u**he.

2. Im Garten ist eine R__se. Sie ist r__t.

3. Ich esse gerne N__deln.

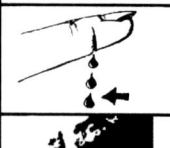

4. Mein Finger bl__tet.

5. Deutschland ist in Eur__pa.

6. Die Kinder mögen Schwarzbr__t.

100

7. Der Flaming__ ist schön.

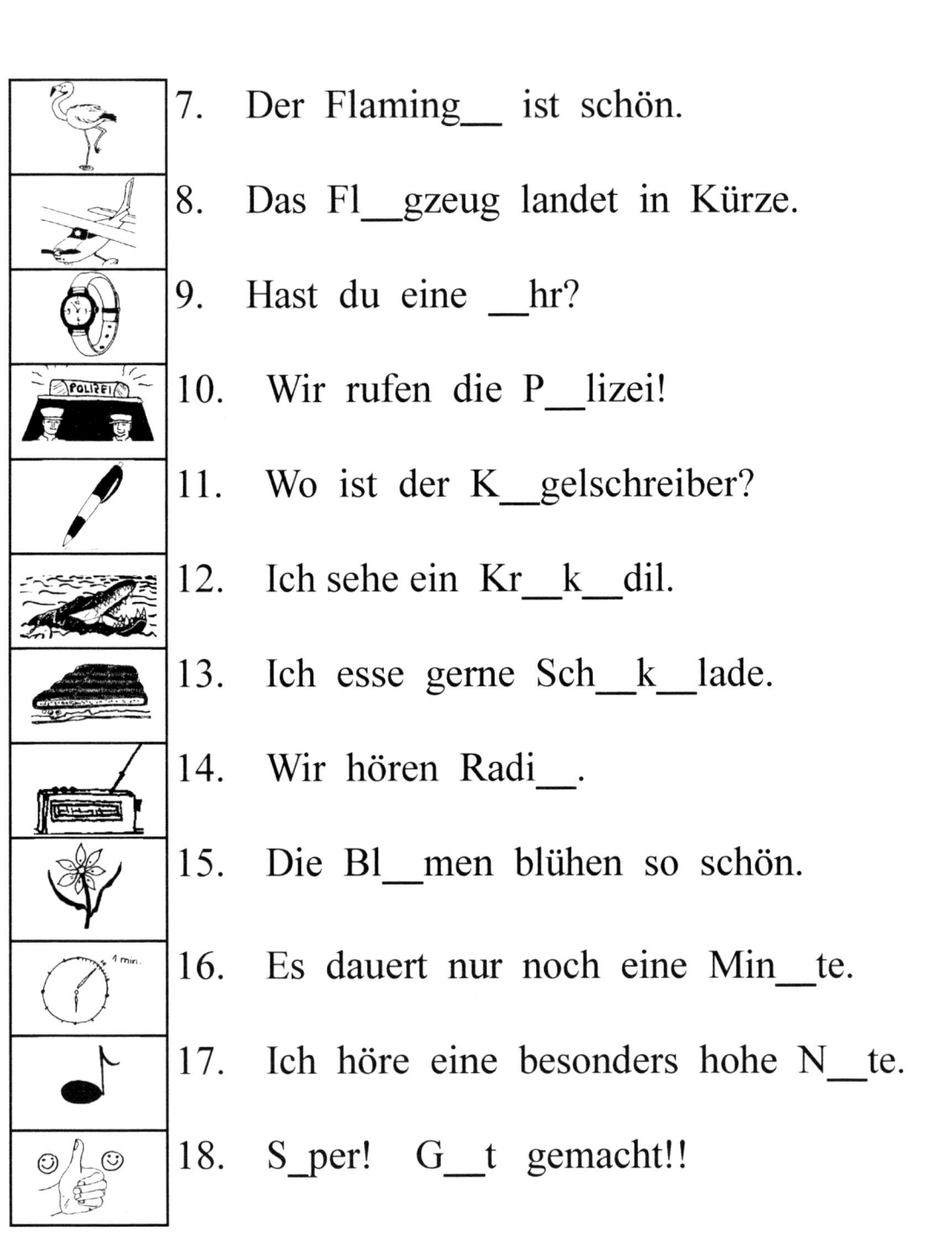

8. Das Fl__gzeug landet in Kürze.

9. Hast du eine __hr?

10. Wir rufen die P__lizei!

11. Wo ist der K__gelschreiber?

12. Ich sehe ein Kr__k__dil.

13. Ich esse gerne Sch__k__lade.

14. Wir hören Radi__.

15. Die Bl__men blühen so schön.

16. Es dauert nur noch eine Min__te.

17. Ich höre eine besonders hohe N__te.

18. S__per! G__t gemacht!!

Ungespanntes (offenes, kurzes) O / o oder U / u?

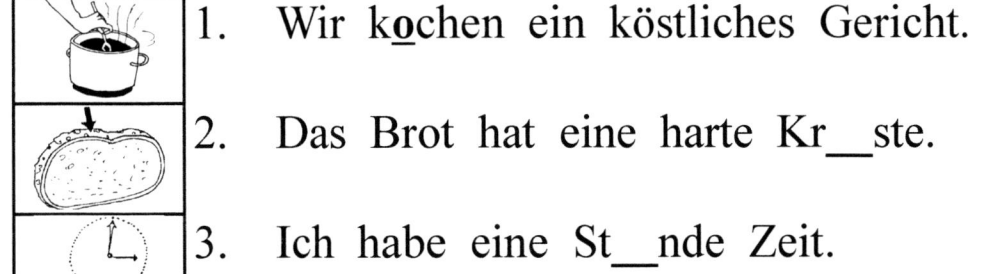

1. Wir k<u>o</u>chen ein köstliches Gericht.

2. Das Brot hat eine harte Kr__ste.

3. Ich habe eine St__nde Zeit.

4. Deine Str__mpfhose hat ja ein L__ch!

5. Semrim hat eine kleine T__chter.

6. Der W__rm lebt in der feuchten Erde.

7. Das Hemd k__stet nur fünf Euro.

8. Ich p__tze gerade die Fensterscheibe.

9. Der Bleistift ist mir zu k__rz.

10. Endlich ist der St__rch wieder da!

11. Sie hat starke Schmerzen in der Sch__lter.

12. Ich habe solchen H__nger!

13. Er kauft eine lange, grüne G__rke.

14. Wer kl__pft an die Tür __nd stört mich?

15. Mein Herz p__cht wie wild.

16. Der Schimpanse haut sich auf die Br__st.

17. Werde bald wieder ges__nd!

18. Die Kinder warten auf den B__s.

Zwischendurch: Wörtersuche zum Thema „Tiere"

Zwischendurch trainieren Sie wieder einmal das genaue Hinsehen. In dem Durcheinander aus Buchstaben sind 8 bekannte Wörter versteckt. Gehen Sie mit dem Blick waagerecht **und** senkrecht durch das Raster und umkreisen Sie die Wörter wie im Beispiel vorgegeben. Damit Sie wissen, welche Wörter gesucht werden, stehen oben die Abbildungen. Kurz:
  a) Wörter zu den Abbildungen suchen und einrahmen.
  b) Gefundene Wörter mit Artikel unten ins Buch schreiben.
Als Zusatzaufgabe können Sie außerdem den Namen eines Flusses in dem Buchstabengewirr suchen. Tipp: Er fließt durch Hamburg.

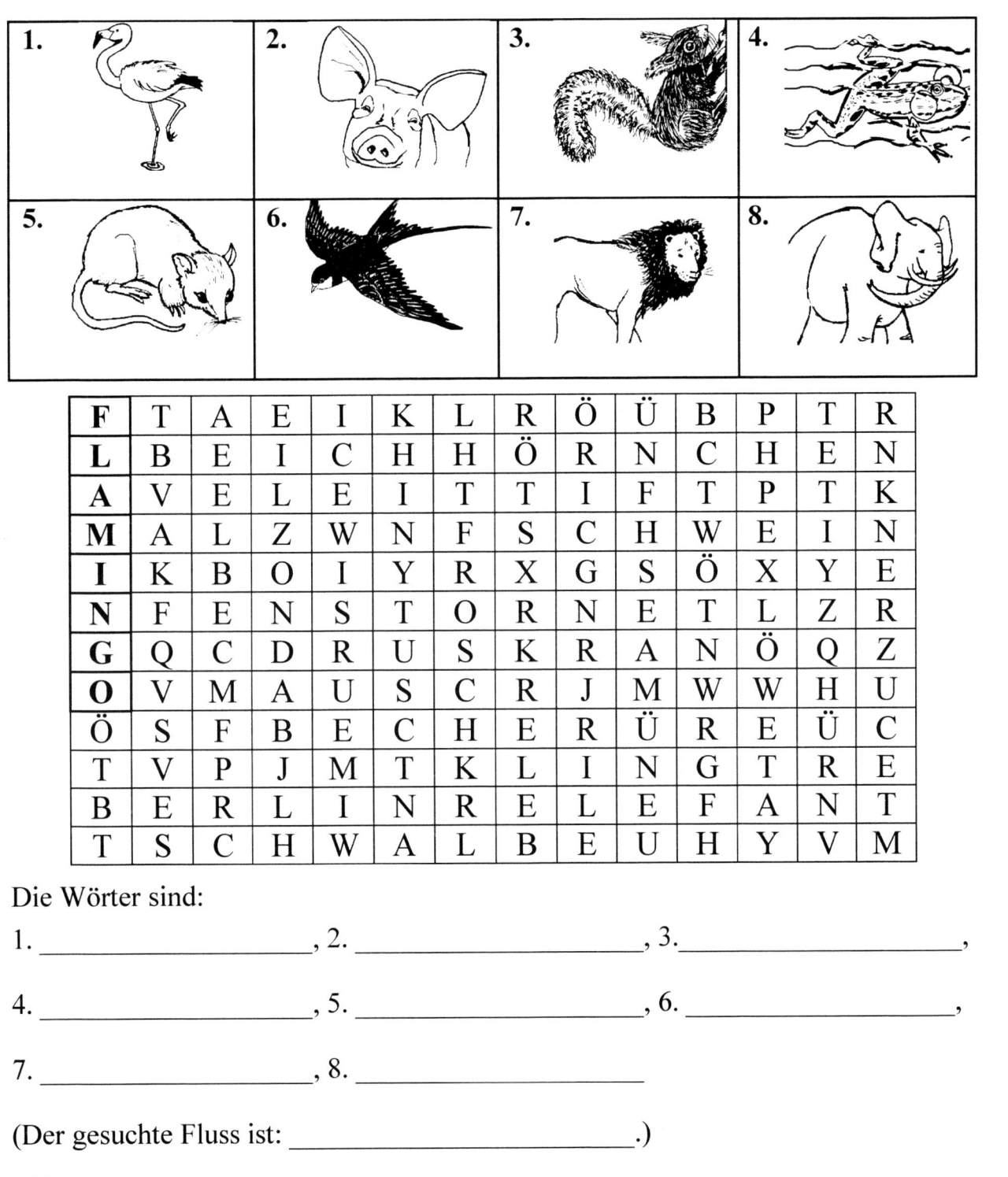

F	T	A	E	I	K	L	R	Ö	Ü	B	P	T	R
L	B	E	I	C	H	H	Ö	R	N	C	H	E	N
A	V	E	L	E	I	T	T	I	F	T	P	T	K
M	A	L	Z	W	N	F	S	C	H	W	E	I	N
I	K	B	O	I	Y	R	X	G	S	Ö	X	Y	E
N	F	E	N	S	T	O	R	N	E	T	L	Z	R
G	Q	C	D	R	U	S	K	R	A	N	Ö	Q	Z
O	V	M	A	U	S	C	R	J	M	W	W	H	U
Ö	S	F	B	E	C	H	E	R	Ü	R	E	Ü	C
T	V	P	J	M	T	K	L	I	N	G	T	R	E
B	E	R	L	I	N	R	E	L	E	F	A	N	T
T	S	C	H	W	A	L	B	E	U	H	Y	V	M

Die Wörter sind:

1. _____, 2. _____, 3. _____,

4. _____, 5. _____, 6. _____,

7. _____, 8. _____

(Der gesuchte Fluss ist: _____.)

6.2.2 Zur Unterscheidung zwischen gespanntem und ungespanntem „ö" und „ü"

Die verschiedenen Bezeichnungen für gleich zu schreibende, aber anders gesprochene Vokale haben Sie bereits bei *o* und *u* kennen gelernt: /ø/ ist das gespannte, geschlossene und meist lange *ö*. /œ/ ist das ungespannte, offene, meist kurze *ö*. /y/ ist das gespannte, geschlossene oder lange *ü*. /Y/ ist das ungespannte, offene oder kurze *ü*. Erfahrungsgemäß fällt besonders die Unterscheidung zwischen den beiden gespannten und zwischen den beiden ungespannten Lauten schwer. Falls Deutsch nicht Ihre Muttersprache ist, empfiehlt es sich daher, mit einer Lehrperson die Varianten mehrmals isoliert und gern übertrieben nacheinander auszusprechen, um so die Aussprache und das Gehör für die Unterscheidung zu schulen, z.B. hintereinander: o - ø, dann ø - y, dann œ - ø usw.

a) Wörter aus der Übersichtstabelle vorlesen lassen und nachsprechen.
b) Beim Hören der 18 Sätze entscheiden, ob in die Lücke ein gespanntes, geschlossenes, langes *ö* oder ein gespanntes, geschlossenes, langes *ü* gehört. Die Lücken füllen.
c) Die Silbenbogen zu den Lückenwörtern ziehen.
d) Im Plenum reihum alle Sätze vorlesen.
e) Von der Lehrperson ca. 5 Lückenwörter diktieren lassen und mit Artikel ins Heft schreiben.
f) Mit diesen Wörtern in Kleingruppen neue Sätze erfinden und aufschreiben.
g) All diese Schritte danach mit den ungespannten Varianten durchführen (S. 106).

Vokal	gespannte / geschlossene / lange Variante:		ungespannte /offene / kurze Variante	
ö		die Flöte		das Gehölz
	[ø]	der Löwe	[œ]	die Behörde
		der Fön		zwölf
ü		die Übung		der Würfel
	[y]	die Kür	[Y]	fünf
		die Lüge		die Hüfte

Gespanntes (geschlossenes, langes) Ö / ö oder Ü / ü?

1. Die Sch__ü__ler schreiben ins Heft.
2. Wir brauchen __l zum Braten.

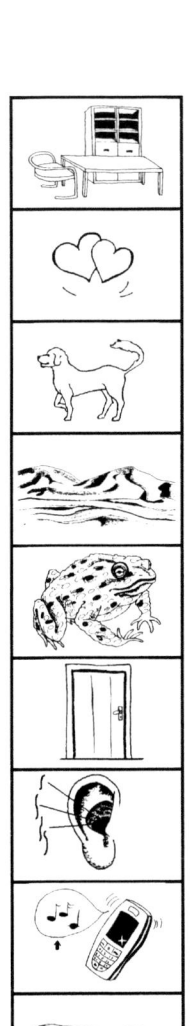

3. Der Tischler macht schöne, stabile M__bel.

4. Oma und Opa m__gen Zitroneneis.

5. Mein Hund ist ein R__de.

6. Die Kamele laufen durch die W__ste.

7. Die Kr__te quakt laut.

8. Mach bitte die T__r auf!

9. Ich möchte gern Musik h__ren.

10. Ich lade Klingelt__ne für mein Handy herunter.

11. Die Z__ge rasen durch das Land.

12. Du darfst nicht __berholen!

13. Die Pflaumen sind aus __kologischem Anbau.

14. Die Ente br__tet die Eier im Nest aus.

15. Danach hat sie flauschige K__ken.

16. Der K__nig hat eine Krone.

17. Ich mag M__sli.

18. Die K__he grasen auf der Weide.

Ungespanntes (offenes, kurzes) Ö / ö oder Ü / ü?

1. Wir möchten die Natur sch__tzen.
2. Wascht bitte die T__pfe ab! 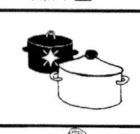
3. In der Küche trage ich eine Sch__rze. 
4. Seine T__chter wurden am 2.2.2004 geboren. 
5. Oregano ist ein Gew__rz, das gut duftet. 
6. Morgens benutze ich eine B__rste. 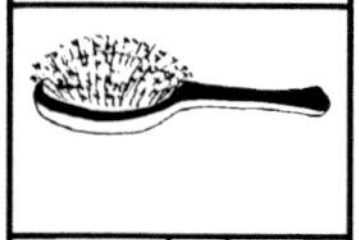
7. Mein Kn__chel schmerzt fürchterlich! 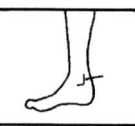
8. In den K__rben sind Gurken, Linsen und Nudeln. 
9. Esra ist die perfekte K__chin. 
10. Er hat einen starken K__rper. 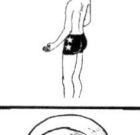
11. Ich kaufe einen schweren K__rbis. 
12. Die Tauben suchen nach K__rnern. 
13. Die Pfeile sind im K__cher. 
14. Der Sportler springt über die H__rde. 
15. Der M__rtel gehört zwischen die Bausteine.

16. Bitte gib mir Z__ndhölzer für die Kerze.

17. Simon hat eine M__tze auf dem Kopf.

18. Beim Metzger gibt es W__rste.

Zur Festigung der Unterscheidungen: Den richtigen Laut ankreuzen

Für diese Übung sollten Sie das Vokaltrapez vor Augen haben. Entweder Sie arbeiten zu zweit, so dass in einem Buch der Anfang der Lektion 6.2 aufgeschlagen ist und im anderen diese Seite – oder Sie kopieren das Vokaltrapez – oder Sie lösen eine der Seiten aus dem Buch. Sie sehen drei Lautvorschläge, daneben ein Bild und ein Wort mit Lücke.
a) Sprechen Sie das Wort, das in einer der vorherigen Übungen bereits vorkam, deutlich aus und kreuzen Sie den Laut an, der zu hören ist.
b) Schreiben Sie den Buchstaben, durch den dieser Laut wiedergegeben wird, in das Wort.
c) Vergleichen Sie Ihre Ergebnisse mit einem Lernpartner oder einer anderen Kleingruppe, bevor Sie sie im Plenum mit der Lehrperson zusammen korrigieren.

#	Laute		Wort	#	Laute		Wort
1.	ø, Y ✗, ʏ		die Würste	7.	Y, ʊ, y		der K_rbis
2.	ʊ, o, u		die Strumpfh_se	8.	ø, œ, o		die Beh_rde
3.	ø, œ, y		die W_ste	9.	ʊ, o, ø		_kologisch
4.	ʊ, y, œ		die _bung	10.	ɔ, ʊ, o		die T_chter
5.	ɔ, ʊ, y		ges_nd	11.	ø, œ, Y		die K_chin
6.	o, ɔ, Y		die H_fte	12.	Y, œ, ɔ		das Gew_rz

107

6.2.3 Selbstüberprüfung des Lernerfolgs bei der Unterscheidung O/o, U/u, Ö/ö, Ü/ü

> In dieser Übung ohne Bilder können Sie überprüfen, wie viel Sie zuvor in den einzelnen Unterscheidungsaufgaben gelernt haben. Je nach Ihrer eigenen Stärke bzw. der Stärke der Lerngruppe kann die folgende Übung alternativ durchgeführt werden.
> a) Wer im Deutschen sicher ist, kann sich die Sätze selbst erlesen und die fehlenden Buchstaben erschließen.
> b) Wer zum Verständnis der Sätze Hilfe braucht, lässt sich die Sätze laut vorlesen und unbekanntes Vokabular erklären und trägt dann die gesuchten Buchstaben ein. In einer Gruppe können gut Deutsch sprechende Teilnehmer sprachlich unsicheren Teilnehmern die Sätze vorlesen.

1. Ich __berhole ein Auto.
2. Die Kinder m__gen Eis.
3. Wir bes__chen unsere Familie in Köln.
4. Ich fege den B__den.
5. Wir kochen in der K__che Reis mit Gem__se.
6. Meine Tochter mag gern N__deln essen.
7. Meine Kinder haben keine Pr__bleme in der Schule.
8. Die Frauen gehen __ber die Straße.
9. Ich bin nicht b__se auf dich.
10. Morgens bin ich oft m__de.
11. Ich schreibe mit dem K__gelschreiber.
12. Deutschland ist ein Land in Eur__pa.
13. Ich muss meine Tochter vom Kindergarten abh__len.
14. W__ ist nur mein Regenschirm???
15. Die Sch__ler gehen zum Unterricht.
16. Ich h__re gern Musik aus dem Radi__.
17. Wir brauchen ein neues B__geleisen.
18. Wir warten auf den Z__g.
19. Ich hole bei der Bank einen Kont__auszug.
20. Ich esse gerne Br__t mit T__maten.

6.2.4 Zusatzübung: Schomburgs „Was passt zum Bild?"

> 👁 Wenn Sie diese Zusatzaufgabe machen, sollten Sie auf jeden Fall zuerst die vorangegangenen Pflichtübungen gründlich erledigt haben. Von den bekannten und unbekannten Wörtern passen immer einige zur Abbildung links und andere nicht. Sie unterstreichen die Wörter, die etwas mit dem jeweiligen Bild zu tun haben, und schreiben nur diese in die leere Spalte ganz rechts. Wer mag, denkt sich dazu ein bis zwei Sätze aus, wie im Beispiel vorgegeben.

Bild	Wörter	Antwort
	Sport graben <u>spülen</u> <u>Gabel</u> <u>Schaum</u> Garten laufen Badeanzug	spülen, Gabel, Schaum (Moni spült Becher und Gabeln. In der Spüle ist Schaum.)
	Geige rufen Kerze reisen lachen Gleise Bügel Züge	
	lesen Geburtstag schnarchen Behörde Pauke Arbeit Gurke	
	Fernseher Blumen graben Frau Wurst Garten Trampolin	
	Nest Schlauch Eier brüten Feier Kranich Flasche Ente	
	Schwester Tischler Nagel Hürde Sport springen Triangel	
	Kinder König Flöte Oma Krone Oregano Macht Krokodil	
	Mütze Hemd Sau Po Bikini Bügel Schal Kuchen Zwetschge	
	Krake Kühe Krankheit Arzthelferin Nudeln Arztpraxis Spritze	

6.2.5 Zur Unterscheidung zwischen gespanntem und ungespanntem „e" und „i"

Üben Sie wieder mit Blick auf das Vokaltrapez die unterschiedlichen Zungen- und Lippenpositionen ein, durch die die Varianten [e], [ɛ], ([ə]), [i] und [ɪ] zustande kommen und die man in der Schrift durch *e* und *i* wiedergibt. Wiederholen Sie beim Einüben der Laute auch gern die Aussprache der *o*- und *u*- sowie der *ö*- und *ü*-Varianten.

a) Wörter aus der Übersichtstabelle vorlesen lassen und nachsprechen.
b) Beim Hören der folgenden Sätze entscheiden, ob in die Lücke ein gespanntes / geschlossenes bzw. langes *e* oder ein gespanntes bzw. langes *i* gehört. Die Lücken füllen.
c) Die Silbenbogen zu den Lückenwörtern ziehen.
d) Im Plenum reihum alle Sätze vorlesen.
e) Von der Lehrperson einige Lückenwörter diktieren lassen und mit Artikel ins Heft schreiben.
f) Mit diesen Wörtern in Kleingruppen neue Sätze erfinden und aufschreiben.
g) Danach all diese Schritte mit den ungespannten (offenen, kurzen) Varianten durchführen.

Vokal	gespannte / geschlossene / lange Variante		offene / kurze Variante		der ungespannte „Schwa"-Laut	
e		die Ehe		das Herz		die Banane
	[e]	die Rehe	[ɛ]	das Pferd	[ə]	die Dame
		der Weg		das Geld		die Hose
i		das Iglu		der Fisch		
	[i]	der Biber	[ɪ]	die Finger		
		der Tiger		die Milch		

Gespanntes (geschlossenes, langes) E / e oder I / i?

1. Ich kaufe ein K**i**lo Weintrauben.

2. Der __sel ist auf der Weide.

3. Morgens l__se ich gern Zeitung.

4. Ich esse eine Apfels__ne.

5. Die Fl__dermaus schwebt durch die Lüfte.

6. Markus ist P__lot.

7. Heute wird es sicher noch R__gen geben.

8. Wir brauchen eine neue Waschmasch__ne.

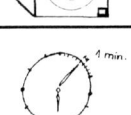

9. Ich bin eine M__nute zu spät. Entschuld__gung!

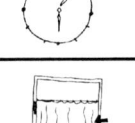

10. Er wird heute die Gard__nen waschen.

11. Leider ist sein Ferns__her d__fekt.

12. Ch__na ist in As__en.

13. Im D__zember ist es kalt.

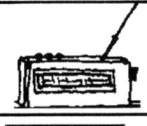

14. Das Rad__o ist zu laut!

15. Oma und Opa g__hen in den Supermarkt.

16. Meine Nachbarin ist Fr__sörin.

17. Im K__no laufen gute Filme.

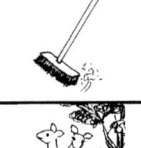

18. Gib mir den B__sen. Ich werde d__n Hof f__gen.

19. Ich schaue mir die R__he an.

20. Der B__ber nagt am Baum.

Ungespanntes (offenes, kurzes) E / e oder I / i?

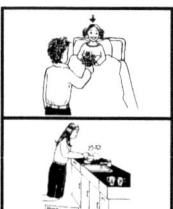

1. Ich besuche meine Schw<u>e</u>ster im Krankenhaus.
2. Wer putzt morgen die Küch__? 
3. Spr__cht schön deutl__ch! 
4. Wir haben fünf K__nder. 
5. Dauernd kl__ngelt das Telefon! 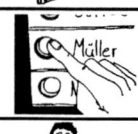
6. Ist deine Tüte schw__r? 
7. Er tr__nkt ein Glas Apf__lsaft. 
8. Ist die Milch auch wirklich fr__sch? 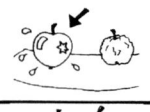
9. Ich kaufe zwei B__rnen. 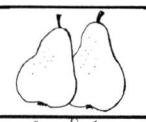
10. Gehe ich nun nach links oder nach r__chts? 
11. Mach dir doch das L__cht an. 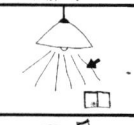
12. Wir s__ngen einen alten Kanon. 
13. Ich bin freundl__ch. 
14. An der Gr__nze zeigen wir den Ausweis. 
15. Die Arztprax__s macht um acht Uhr auf. 
16. Im W__nter ist es Paul zu kalt.

6.2.6 Wortdiktat zur Einordnung von Vokalen

Nachdem Sie zuvor Übungen zur Unterscheidung von gespannten (geschlossenen, langen) und ungespannten (offenen, kurzen) Vokalen durchgeführt haben, soll hier überprüft werden, ob Sie inzwischen schon in der Lage sind, einsilbige Wörter dem Vokal zuzuordnen, den sie enthalten. Hören Sie die Wörter an, die Ihre Lehrperson Ihnen diktiert und schreiben Sie sie in die richtige Zeile: zum Beispiel „Zaun" zu *au* oder „Wurm" zu *u*. Alle Wörter, die hier diktiert werden, finden Sie im Lösungsteil. Ihre Lehrperson wählt beliebig viele davon aus und diktiert sie bunt durcheinander. Sie können sich die Wörter natürlich auch zu Hause von einem Familienmitglied diktieren lassen und später eigenständig mit Hilfe der Lösungen kontrollieren. Viel Erfolg!

a) Die Wörter nach Gehör in die passende Zeile schreiben.
b) In Gruppen (mit Lösungsteil) oder im Plenum vergleichen und korrigieren.
c) Alle Vokale in den Wörtern rot markieren.
d) Im Plenum unter gespannte oder lange Vokale einen kleinen Kreis zeichnen und unter ungespannte oder kurze einen Halbkreis.
e) Zu fünf Wörtern, die Ihnen gefallen, einen Satz schreiben und probieren, ob der Nachbar ihn lesen und verstehen kann.

Vokale	Wörter
a	Schlaf, traf,
e	fern,
i	
o	
u	
ö	
ü	
au	
ei	
eu	

Meine eigenen fünf Sätze

a) _____.

b) _____.

c) _____.

d) _____.

e) _____.

6.2.7 Rätsel: Welches Lösungswort wird gesucht?

? Können Sie das nachstehende Rätsel lösen, ohne auf die vorangehenden Seiten zurückzublättern? Dann gilt Ihnen das Lösungswort.

Lösungswort: _ _ _ _ _
           1 2 3 4 5

6.2.8 Fehlersuche

👁 Bei dieser Aufgabe geht es darum, das richtig geschriebene Wort zu erkennen und das falsch geschriebene Wort durchzustreichen. Machen Sie es wie im Beispiel.

1.		~~chlank~~	schlank ✓
2.		Stau	Schtau
3.		tauchen	tauschen
4.		Sebrastreifen	Zebrastreifen
5.		Gürdel	Gürtel

Zusatzaufgabe: Rezept für eine Quarkspeise

Zur Anwendung sehen Sie hier ein Rezept. Schauen Sie sich die Anleitung und die Zutaten an und fügen Sie die fehlenden Vokale in die Wörter ein. Im Kasten unten finden Sie alle vorkommenden Buchstaben. Haken sie jeden verwendeten Buchstaben ab. Am Ende müssen alle verbraucht sein. Lesen Sie danach die Zubereitung. Sie können das Rezept auch gerne zu Hause ausprobieren!

Quarkspeis__

Rezept   f__r   4   Personen

Für den k__stlichen Nachtisch brauchen Sie:

500 g	Qu__rk	
30 g	H__nig	
den Saft einer	Zitr__ne	
etwas	M__lch	
150 g	frische Fr__chte	
zum Beispiel:	B__nanen	
oder:	Pfirs__che	

Fangen Sie mit dem Quark an. Geben Sie ihn in eine Schale.
Fügen Sie den Honig, die Milch und den Saft der Zitrone hinzu.
Mischen Sie alles mit einer Gabel gut durch.
Schneiden Sie die Früchte klein und geben Sie sie in den Quark.
Fertig ist eine köstliche Quarkspeise.

a,   a,   e,   i,   i,   o,   o,   ö,   ü,   ü

6.2.9 Kreuz- und Quer-Spiel

Den Abschluss der sechsten Lektion bildet wieder das Spiel, bei dem Sie nur Verbindungslinien zu ziehen brauchen. Verbinden Sie das Bild links mit dem dazugehörigen Wort.

(Daumen hoch)	ökologisch
(Frau mit Flaschen)	prima
(Mann 1 kg)	freundlich
(Begrüßung)	gesund
(frischer/alter Apfel)	stark
(Mann mit 30 kg Schild)	frisch
(„Unser Ofen ist grooß")	pünktlich
(Mann hebt 30 kg)	schwer
(Uhr, Termin)	schwach
(Bio-Obst)	deutlich

Lektion 7   Erstellen und Erlesen verschiedener Textarten

7.1 Angeleitetes Schreiben von Texten mittlerer und kurzer Länge

7.1.1 Diktat zum Thema „Körper und Gesundheit"

Hier wird Ihnen zum ersten Mal ein zusammenhängender mittellanger Text diktiert. Damit Sie auch mitbekommen, was Sie schreiben, gehen Sie bitte wie folgt vor:
a) Bilder ansehen und Vermutungen über den Inhalt des Textes äußern.
b) Den ganzen Text einmal ganz anhören.
c) Das Diktat auf die vorgegebenen Linien schreiben.
d) Das Ergebnis (mit Hilfe des Anhangs) selbst korrigieren oder korrigieren lassen.
   Auf Groß- und Kleinschreibung brauchen Sie noch nicht zu achten.

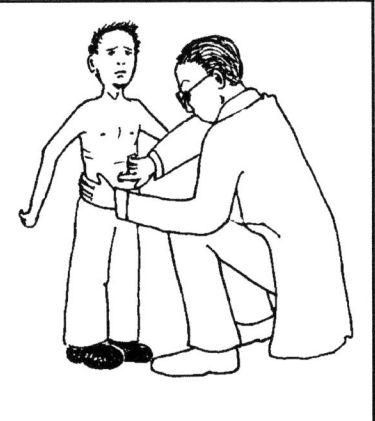

Zur Entspannung: Silbenweben zum Thema „Körper und Gesundheit"

Nach dem anstrengenden Diktat können Sie sich hier entspannen. Lesen Sie die Silben und verweben Sie sie durch verschiedenfarbige Striche zu Wörtern. Tipp: Markieren Sie auch die ovalen Umrandungen in der jeweiligen Strichfarbe. Schreiben Sie hinterher alle Wörter unten auf die Linien. Wer früh fertig ist, kann in seinem Heft selbst ein Silbengewebe mit bekannten Wörtern zu diesem Thema erstellen und von einem Freund oder einem anderen Kursteilnehmer bearbeiten lassen.

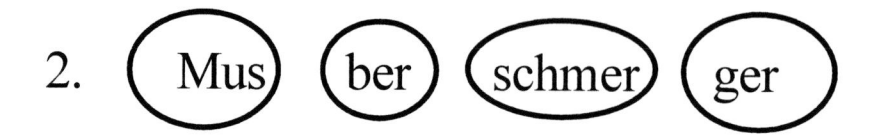

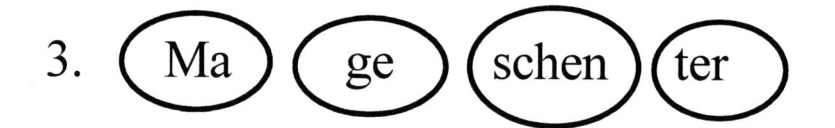

1. (O) (gen) (fin) (e)

2. (Mus) (ber) (schmer) (ger)

3. (Ma) (ge) (schen) (ter)

4. (Au) (kel) (brau) (zen)

5. (Zei) (gen) (ka) (kel)

1. der _____ 2. der _____
3. die _____ 4. die _____
5. der _____

Mögliche Wörter für Ihr Silbengewebe

_____
_____
_____
_____

7.1.2 Ein Gedicht zum Thema „Körper und Gesundheit" reimen

Reimen Sie, um Ihr Gehirn zu erfreuen und um sich Schreibweisen besser einzuprägen. Sehen Sie sich die oben abgedruckten Wörter an und verbinden diejenigen, die ein Reimpaar bilden. Diese Wörter setzen Sie danach in das unten stehende Gedicht ein.
a) Reimpaare links und Reimpaare rechts wie im Beispiel verbinden.
b) Bilder mit den Wörtern von oben beschriften.
c) In jeden Vers ein Wort einsetzen, das vom Inhalt und vom Reim her passt. Zu einer Strophe gehören immer die vier ungeordneten Bilder rechts daneben.
d) Das Gedicht laut vorlesen.

Darm	auspusten	Rauch	Sport
Hand	Zunge	Spritze	Mund
husten	warm	wund	Bauch
Lunge	fragen	Zehen	aussehen
Magen	Verband	Frau Port	Spitze

Gedicht

Es schmerzt der Darm.
Die Stirn ist warm.
Der Hals ist _____
und schal der _____.

Ist es der Rauch?
Der zu feiste _____?
Sind es die _____,
Die so rot _____?

Oder ist es der Magen?
Den Arzt werd ich _____!
Er untersucht meine _____,
beschaut meine _____.

Doch was ist mit der Hand?
Brauch ich einen _____?
Greift er nach der _____?
Ich spür schon ihre _____...

Nein, er lässt mich husten
und eine Kerze _____.
Nun sagt er: „_____,
machen Sie _____!"

Darm | Mund | wund | warm

Rauch

Magen

Hand

Port

119

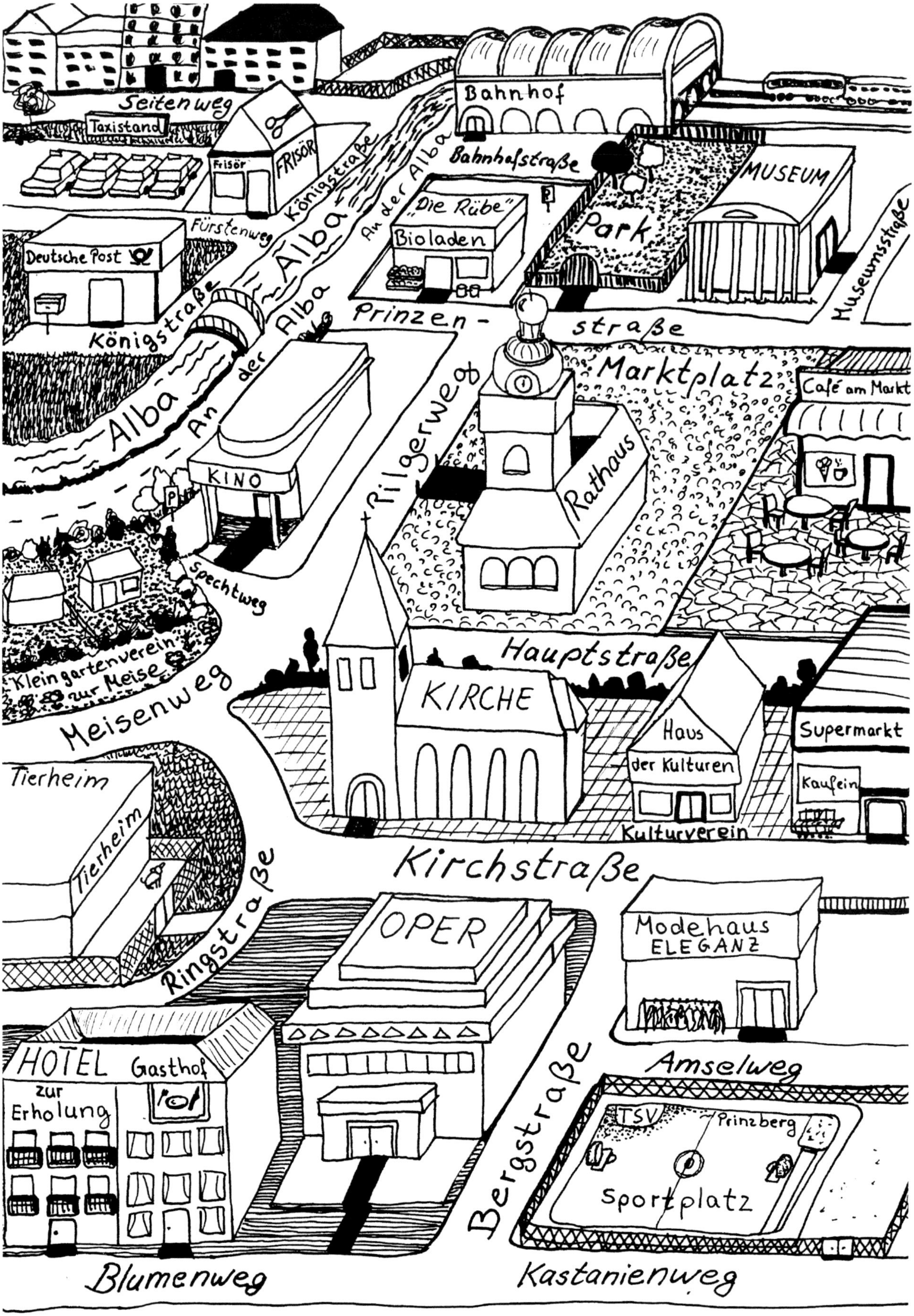
Seitenweg
Taxistand
Frisör
FRISÖR
Bahnhof
Bahnhofstraße
MUSEUM
Königstraße
An der Alba
Fürstenweg
Alba
"Die Rübe"
Bioladen
Park
Museumsstraße
Deutsche Post
Königstraße
Alba
An der Alba
Prinzen-
straße
Marktplatz
Café am Markt
Pilgerweg
Rathaus
KINO
Spechtweg
Kleingartenverein zur Meise
Hauptstraße
KIRCHE
Meisenweg
Haus der Kulturen
Supermarkt
Kaufein
Kulturverein
Tierheim
Tierheim
Kirchstraße
Ringstraße
OPER
Modehaus ELEGANZ
HOTEL Gasthof zur Erholung
Bergstraße
Amselweg
TSV Prinzberg
Sportplatz
Blumenweg
Kastanienweg

7.1.3 Fiktiver Stadtplan als Lese- und Schreibanlass

Auf der linken Seite sehen Sie eine Karte der Fantasiestadt Prinzberg. Prinzberg mag moderne Technik und ist sehr gastfreundlich. Überall in der Stadt stehen Auskunftsautomaten für Fremde bzw. Reisende bereit. Wer sich nicht auskennt, braucht nur einzutippen, wo er sich gerade befindet und wohin er möchte. Kurz darauf erscheint auf dem Bildschirm eine hilfreiche Antwort, die ein Mitarbeiter der Besucherauskunft geschrieben hat. In den Aufgaben a) bis c) arbeiten Sie selbst für die Auskunft und bearbeiten die Fragen der Prinzberg-Besucher. In der Aufgabe d) stellen Sie sich vor, ein Besucher oder Einwohner der Stadt zu sein, der seine Meinung zur Stadt äußert.

a) Schriftliche Auskünfte aus Satzbausteinen erstellen

Unten und auf der nächsten Seite sehen Sie die Anfragen, die die Gäste in den Automaten geschrieben haben. Da viele Fragen schon oft gestellt wurden, stehen Ihnen bereits einige fertig formulierte Antworten zur Verfügung. Sie brauchen nur noch die für den jeweiligen Besucher passenden Teilsätze anzukreuzen, schon kann der Gast Ihren Anweisungen folgen und sein Ziel finden.

1. Hallo, ich bin am Bahnhof. Ich möchte in die Oper. Wie komme ich dorthin?

Guten Tag. Sie stehen
    1) in der Bahnhofstraße. ✗
    2) in der Prinzenstraße.

Rechts von Ihnen ist die Straße „An der Alba". Auf dieser Straße gehen Sie bis zur Prinzenstraße. Sie biegen links in die Straße ein. Nach einigen Metern gehen Sie
    1) nach rechts in den Spechtweg.
    2) nach rechts in den Pilgerweg. ✗

Nun gehen Sie am Rathaus vorbei und überqueren
    1) eine Kreuzung.
    2) einen Fluss.

Danach sind Sie im Meisenweg. Von dort aus gehen Sie
    1) nach links in die Hauptstraße.
    2) nach links in die Ringstraße.

Nach kurzer Zeit gelangen Sie zur Kirchstraße. Sie wandern die Kirchstraße entlang und sehen rechts schon die Hinterseite der Oper. Nun gehen Sie
    1) nach rechts in die Bergstraße.
    2) nach rechts in den Kastanienweg.

Kurz darauf sehen Sie rechts schon den Eingang der Oper.

2. Guten Tag, ich bin am Bahnhof und möchte zum Rathaus. Beschreiben Sie mir den Weg?

Guten Tag. Du gehst in die Straße „An der Alba", danach
    1) links in die Prinzenstraße
    2) rechts in die Kirchstraße.

Schon ist der Rathausturm zu sehen. Möchtest du in das Rathaus hinein? Gehe rechts in den Pilgerweg. Nach einigen Metern bist du am Eingang.

| 3. | Hallo, ich bin im Museum. Ich möchte in die Kirche. Wie komme ich dorthin? |

Guten Tag. Das Museum ist in der Museumsstraße. Wenden Sie sich nach rechts und gehen Sie bis zur Prinzenstraße. Danach
      1) gehen Sie links herum aus der Stadt hinaus.
      2) überqueren Sie die Prinzenstraße und den Marktplatz.
Sie gehen an der Hinterseite des Rathauses vorbei. Sie laufen direkt auf die Kirche zu. Aber davor sind Büsche und ein hoher Zaun. An der Hauptstraße angelangt, gehen Sie deshalb rechts herum
      1) bis zum Meisenweg.
      2) bis zum Supermarkt.
Folgen Sie kurz dem Meisenweg und biegen dann links in die Ringstraße ein. Nach wenigen Metern ist links die Kirchstraße. Nun sind Sie
      1) am Haus der Kulturen angelangt.
      2) am Eingang der Kirche angelangt.

| 4. | Hallo, ich bin am Bahnhof und möchte zur Post. Können Sie mir helfen? |

Guten Tag. Vom Ausgang des Bahnhofs aus gehen Sie einige Meter nach rechts. Jetzt sind Sie in der Straße „An der Alba".
      1) Hüpfen Sie in die Alba und kraulen Sie bis zur Brücke.
      2) Gehen Sie „An der Alba" entlang bis zur Brücke.
Dann überqueren Sie die Alba. Von der Brücke aus gelangen Sie
      1) in die Prinzenstraße.
      2) in die Königstraße.
Der Eingang der Post ist links um die Ecke.

| 5. | Guten Tag. Ich bin im Hotel „Zur Erholung" und möchte zum Kleingartenverein „Zur Meise". Können Sie mir helfen? |

Guten Tag. Gehen Sie im Blumenweg nach links, am Gasthof vorbei. Nun schlagen wir Ihnen eine Abkürzung vor. Gehen Sie
      1) zwischen Gasthof und Oper hindurch
      2) zwischen Oper und Sportplatz hindurch
über den freien Platz zur Ringstraße. Folgen Sie der Ringstraße am Tierheim vorbei
      1) bis zum Meisenweg.
      2) bis zur Kirchstraße.
Im Meisenweg ist schon der Eingang zum Kleingartenverein. Einen schönen Aufenthalt in Prinzberg wünscht die Auskunft.

b) Auskünfte selbst formulieren

> Wenn Sie mit Aufgabe a) fertig sind, haben Sie bereits die Schreibweise vieler Wörter gesehen, die zur Wegbeschreibung nützlich sind. Um nun selbst Antworten formulieren zu können, sollten Sie zuerst alle neuen Ausdrücke zu diesem Thema unterstreichen (z.B. „nach einigen Metern", „überqueren") und sie an der Tafel oder im Heft unter der Überschrift „Wegbeschreibung" sammeln. Diese Seite in Ihrem Heft halten Sie bereit, um den Besuchern von Prinzberg zu helfen. Wenn Sie zu zweit arbeiten, können die Antworten erst in ein Buch geschrieben werden. Im anderen Buch kann die Seite mit dem Stadtplan aufgeschlagen sein. Wenn die Antworten mit Hilfe der Lehrperson korrigiert worden sind, werden die Sätze in das zweite Buch geschrieben. Erst lässt sich der Besitzer des Buches eine Antwort diktieren. Danach diktiert er seinem Partner eine Antwort, bis auch in diesem Buch alle Fragen beantwortet sind.

1. Hallo, ich bin im Kulturverein „Haus der Kulturen". Wie komme ich zum Sportplatz von Prinzberg?

2. Guten Tag, ich bin im Bioladen „Die Rübe". Wie komme ich zum Café am Markt?

3. Guten Tag, ich bin im Supermarkt. Wie komme zum Kino?

4. Guten Tag, ich bin im Park. Wie komme ich zum Modehaus Eleganz?

123

c) Empfehlungen für die Besucher

	Hier nutzen die Besucher die Auskunftsautomaten, um zu erfahren, wo Sie mit bestimmten Bedürfnissen hingehen können. Lesen Sie die Fragen und beantworten Sie sie mit Hilfe des Stadtplans.

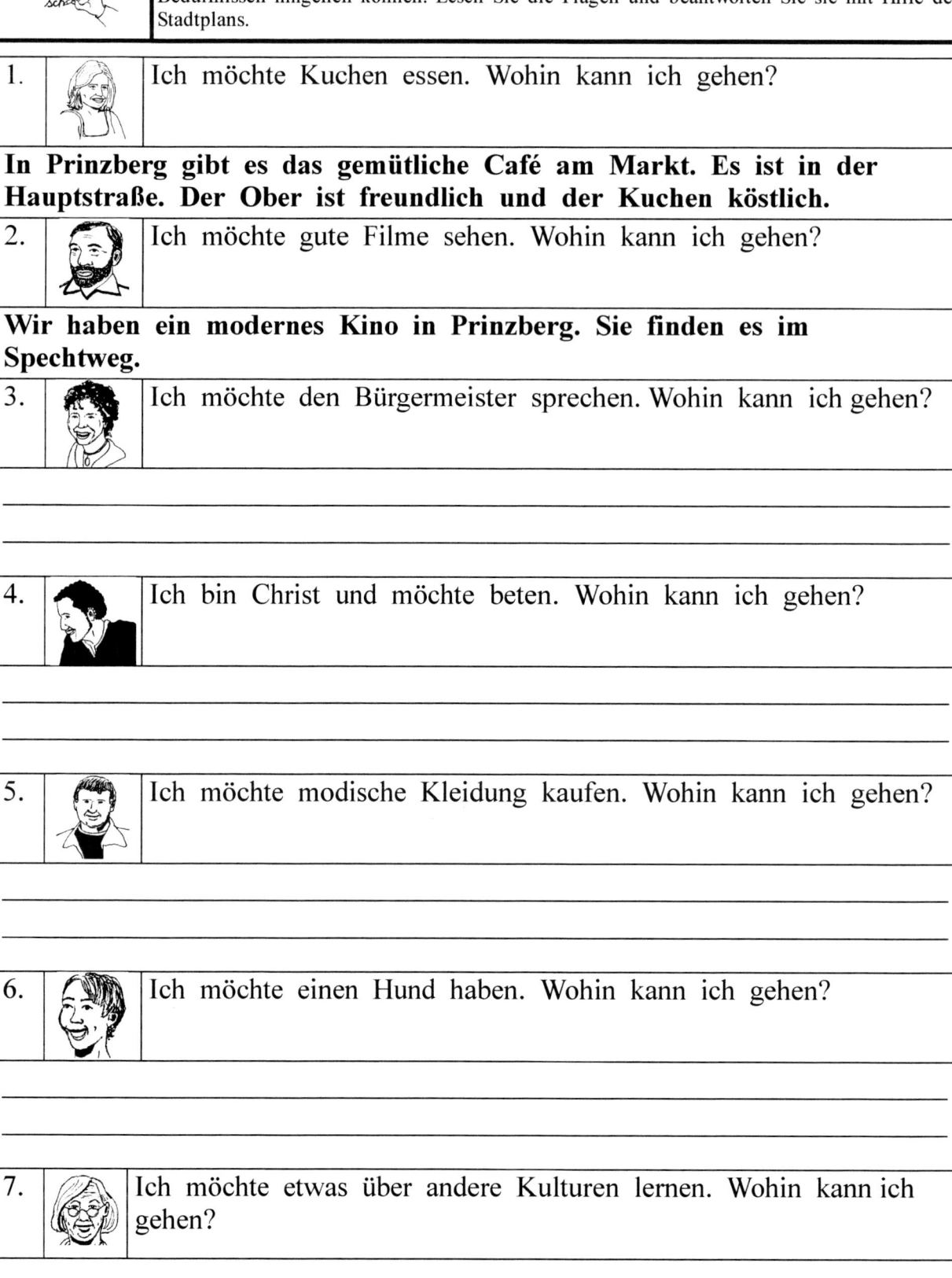

1. Ich möchte Kuchen essen. Wohin kann ich gehen?

In Prinzberg gibt es das gemütliche Café am Markt. Es ist in der Hauptstraße. Der Ober ist freundlich und der Kuchen köstlich.

2. Ich möchte gute Filme sehen. Wohin kann ich gehen?

Wir haben ein modernes Kino in Prinzberg. Sie finden es im Spechtweg.

3. Ich möchte den Bürgermeister sprechen. Wohin kann ich gehen?

_____
_____

4. Ich bin Christ und möchte beten. Wohin kann ich gehen?

_____
_____

5. Ich möchte modische Kleidung kaufen. Wohin kann ich gehen?

_____
_____

6. Ich möchte einen Hund haben. Wohin kann ich gehen?

_____
_____

7. Ich möchte etwas über andere Kulturen lernen. Wohin kann ich gehen?

_____

8.		Ich möchte mich in ein Taxi setzen. Wohin kann ich gehen?
9.		Ich brauche eine neue Frisur. Wohin kann ich gehen?
10.		Ich möchte Musik von Mozart oder Verdi hören. Wohin kann ich gehen?
11.		Ich möchte etwas über die Geschichte von Prinzberg lernen. Wohin kann ich gehen?
12.		Wir möchten Lebensmittel und Wein einkaufen. Wohin können wir gehen?
13.		Ich möchte irgendwo übernachten. Wo kann ich ruhig schlafen?
14.		Ich möchte Obst und Gemüse aus ökologischem Anbau kaufen. Wohin kann ich gehen?
15.		Wir haben Hunger und brauchen ein zünftiges Mittagessen. Wohin können wir gehen?

d) Zusatzaufgabe: Einwohner und Besucher schreiben ins virtuelle Stadtbuch

> Wer mit den Aufgaben a) bis c) rasch fertig ist, kann sich nun den Plan noch einmal in Ruhe ansehen und überlegen, ob der Stadt nicht noch einige Institutionen oder Geschäfte fehlen. Stellen Sie sich vor, Sie sind ein Reisender, der nach einer Rundfahrt merkt, was es in Prinzberg nicht gibt. Oder stellen Sie sich vor, Sie sind ein Bewohner der Stadt, der in den Automaten schreibt, was er sich für seinen Ort wünscht. Sie können auch angeben, wo das neue Geschäft oder die neue Einrichtung liegen könnte. In einem Kursus können Sie sich hinterher mit den anderen Teilnehmern austauschen und eine ganze Liste zusammentragen. Mal sehen, ob sich dann in der Stadt etwas tut.

1. Hallo, ich bin zum ersten Mal in Prinzberg. Ich finde, der Ort braucht unbedingt einen Zoo!
2. Hallo, ich bin der Koch vom Gasthof. Meiner Meinung nach braucht Prinzberg dringend einen Kindergarten. Neben dem Modehaus Eleganz ist Platz für ein neues Haus.
3.
4.
5.
6.
7.
8.
9.
10.
11.

Zur Entspannung: Silbenweben zum Thema „zu Hause: Elektrogeräte"

Nach der Arbeit am Stadtplan dürfen Sie sich wieder mit einer spielerischen Aufgabe belohnen. Lesen Sie die Silben und verweben Sie sie durch verschiedenfarbige Striche zu Wörtern aus dem Themengebiet „zu Hause". Tipp: Markieren Sie auch die ovalen Umrandungen in der jeweiligen Strichfarbe. Schreiben Sie hinterher alle Wörter unten auf die Linien.

1. Spül – schen – ei – herd
2. E – ma – lam – ne
3. Ta – ma – tro – ne
4. Bü – lek – schi – pe
5. Wasch – gel – schi – sen

1. die _____ 2. der _____
3. die _____ 4. das _____
5. die _____

Zusatzaufgabe für die Schnellen: Reimsuche zum Thema „zu Hause"

1. Was reimt sich auf		Bürste ?	Natürlich: Würste.
2. Was reimt sich auf		Ruder ?	Natürlich: _____.
3. Was reimt sich auf		_____ ?	Natürlich: _____.
4. Was reimt sich auf		_____ ?	Natürlich: _____.
5. Was reimt sich auf		_____ ?	Natürlich: _____.

7.1.4 Diktat zum Thema „zu Hause und Familie"

Hier wird Ihnen wieder ein zusammenhängender Text diktiert. Ihre Aufgaben:
a) Bilder auf der nächsten Seite ansehen und Vermutungen über den Inhalt des Textes äußern.
b) Den ganzen Text einmal ganz anhören, dann das Diktat auf die Linien schreiben.
c) Das Ergebnis selbst korrigieren (Anhang) oder korrigieren lassen.
d) Fehler, die Sie nicht mehr wiederholen möchten, korrigiert in die Top-10-Liste eintragen. Die Groß- und Kleinschreibung wird noch nicht beachtet.
e) Als Variante nach einigen Tagen als **Laufdiktat** wiederholen. Dazu werden besonders gut gelungene Diktate von Teilnehmern (oder der mehrfach kopierte Text aus dem Lösungsteil) an der Wand aufgehängt. Es sollten so viele Exemplare an den Wänden hängen, dass bequem mehrere Schüler davor stehen können. Die Schrift auf den kopierten Zetteln muss schön groß sein. Wenn die Lehrperson das Signal gibt, stehen Sie auf, gehen zum Text an der Wand, lesen den Anfang des Diktats, prägen sich alles gut ein und schreiben auf ein leeres Blatt im Heft, was Sie sich gemerkt haben. Wenn Sie nicht weiter kommen, müssen Sie wieder zur Wand laufen. Tipp: Nehmen Sie sich lieber wenige Wörter auf einmal vor, aber prägen Sie sich die so gut ein, dass Sie beim nächsten Lauf gleich etwas Neues lesen und speichern können. Wer so als erstes das Diktat wiederholt hat und dabei am wenigsten Fehler gemacht hat, hat gewonnen.

Top-10 meiner ärgerlichsten Fehler

1. ⛈️🎭⚡🎭⛈️   ! ! ! ! !
2. 🎭⛈️🎭   ! ! ! !
3. ⛈️ 🎭   ! ! !
4. 🎭   ! !
5.
6.
7.
8.
9.
10.

7.2 Informationsaufnahme beim Lesen
7.2.1 Fiktives Familienportrait

> Die neuen Wörter in diesem Lesetext können Sie sich nach der erlernten Methode erlesen.
> a) Text in Stillarbeit lesen.
> b) Probleme mit Lehrperson besprechen und den Text im Plenum laut vorlesen.
> c) Im nachfolgenden großen Bild die Familienmitglieder wiedererkennen und beschriften.
> d) Textfragen auf S. 132 beantworten.
> e) Mit Fotos der eigenen Familie auf S. 133 einen ähnlichen Text schreiben, Fragen dazu formulieren und ins Heft schreiben.
> f) Text einer anderen Person lesen und Fragen beantworten.

Das bin ich. Ich bin zwölf Jahre alt. Mein Vorname ist Paul. Das ist der erste Name. Mein Nachname ist Krüger. Das ist der zweite Name.

Ich möchte euch gern meine Familie zeigen. Wir heißen fast alle Krüger und wir sind noch neun Personen.

Das sind meine Eltern: Meine Mutter arbeitet in einer Bank. Sie heißt Agnes Krüger. Mein Vater arbeitet als Tischler. Sein Name ist Jan Krüger. Ich habe einen Bruder und eine Schwester. So sehen sie aus:

Mein kleiner Bruder geht noch in den Kindergarten. Meine große Schwester möchte Pilotin werden.

Meine Eltern, meine Geschwister und ich leben auf einem Bauernhof. Wir haben Pferde, Schafe und Kühe. Oma und Opa helfen manchmal beim Melken und bei der Ernte. Das sind sie: Sie leben mit meiner Tante und meinem Onkel im Dorf nebenan. Meine Tante Beate schreibt Bücher über Computer. In ihrem Bauch ist ein Baby.

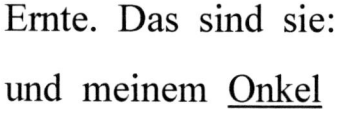

Meine Eltern werden eine kleine Nichte haben und ich eine Kusine. Mein Onkel Felix ist Bademeister.

Jetzt habe ich euch meine Familie gezeigt.

c) Wer ist aus Pauls Sicht welches Mitglied der Familie Krüger?

die Großeltern

___ Krüger   ___   _____ Beate   _____ Felix

_____

_____   _____   Paul Krüger   _____

_____   _____

d) Fragen zum Text

> Konnten Sie sich beim Lesen des Textes auf den Inhalt konzentrieren? Dann beantworten Sie die Fragen aus dem Kopf. Sonst blättern Sie zurück und suchen in der Familienbeschreibung nach den Antworten und schreiben sie dann auf die Linien.
> a) Je nach der eigenen Sicherheit in Teilsätzen oder in ganzen Sätzen antworten.
> b) Mindestens 7 Fragen aussuchen und beantworten.
> c) Wer Zeit und Lust hat, beantwortet alle Fragen.

1. Wer ist der Junge, der seine Familie beschreibt, und wie alt ist er?

2. Hat Paul fünf Geschwister?

3. Warum sagt Paul, zur Familie gehören **noch** neun Personen?

4. Was tut Pauls Tante Beate?

5. Welche Tiere haben die Krügers?

6. Welchen Beruf übt Vater Jan Krüger aus?

7. Wer in der Familie arbeitet als Bademeister?

8. Wer ist momentan das jüngste Mitglied der Familie?

9. Wer hilft auf dem Bauernhof?

10. Wer möchte gerne Pilotin werden?

11. Wie heißt die Mutter von Paul?

12. Wo arbeitet Agnes Krüger?

13. Wo leben die Oma und der Opa von Paul?

14. Wo leben Paul und seine Eltern?

e) Vorstellung der eigenen Familie

Meine Familie

| echte Fotos von zu Hause ausschneiden und einkleben
oder
fiktive Fotos aus Zeitschriften ausschneiden und einkleben
oder
Bilder zeichnen |

133

7.2.2 Einsetzen von zu erlesenden Textbausteinen in fiktive Bewerbung

Bei vielen von Ihnen wird die Arbeitssuche ein zentraler Beweggrund für den Wunsch lesen und schreiben zu lernen gewesen sein. Daher sollen Sie schon in diesem frühen Stadium die Gelegenheit bekommen, eine erste fiktive Bewerbung zu formulieren. Dazu steht auf dieser Seite ein einfach gehaltener und noch nicht für das „ernste" Leben geeigneter Brief mit Lücken. Auf der rechten Seite finden Sie Bilder mit verschiedenen Berufen und einigen Dingen, die dafür typisch sind. Darunter stehen Textteile, die Sie lesen und verstehen sollen. Sie wählen nun aus den Gruppen das aus, was am besten zu Ihnen passt und setzen es in die Lücken im Brief ein. Die Zahlen über den Bildgruppen und im Brief zeigen Ihnen, wo was eingetragen werden soll. Bevor Sie sich an die Arbeit machen, wird die Lehrperson mit Ihnen den Brief auf der linken Seite durchgehen und Ausdrücke erklären, die Sie noch nicht zu lesen und schreiben geübt haben. Die genauen Arbeitsaufträge:
a) Linke Seite lesen und verstehen.
b) Allein eine Firma mit Beruf und Tätigkeiten aussuchen. Die Textteile in den Brief eintragen.
c) Den fertigen Brief still durchlesen und ganz oben den eigenen Namen mit Adresse sowie das Datum eintragen.
d) Die Bücher mit den Briefen aller Kursteilnehmer einsammeln und mischen und neu verteilen.
e) In der Rolle eines Arbeitgebers die Bewerbung der anderen Person lesen.
f) Mit Hilfe der Vorgaben auf S. 136 eine Antwort auf einen Extrazettel schreiben und zusammen mit dem Buch an die Person zurückgeben.
g) Im Plenum ca. vier verschiedene Bewerbungen mit Antworten vorstellen.

Bewerbungsschreiben

(Name:) _____
(Straße:)_____
(Ort:) _____

An **(1)** _____
Rote Straße 113
22087 Hamburg

(Datum:)___.___._____

Sehr geehrte Damen und Herren,

heute habe ich die Anzeige **(2)**_____ in der Zeitung gelesen. Die Person, die Sie suchen, bin ich. Ich möchte unbedingt als **(3)**_____ arbeiten. Der Umgang mit **(4)** _____ macht mir Freude. Ich bin in der Lage **(5)** _____

_____.

Zudem spreche ich **(6)** _____.

Über eine Zusage würde ich mich wirklich freuen.

Mit freundlichen Grüßen _____

1. die Tank-station Benzo-forte	das Re-staurant Delizioso	die Schnei-derei Menzel	die Tischlerei Peters	die Firma Prado	den Ma-lermeister Wolf	die Bau-firma Hinz	die Fami-lie Küne	den Bau-ern Bartel
2. der Tank-station Benzo-forte	des Re-staurants Delizioso	der Schnei-derei Menzel	der Tischlerei Peters	der Firma Prado	des Ma-lermeis-ters Wolf	der Bau-firma Hinz	der Fa-milie Küne	des Bau-ern Bartel
3. Köchin / Koch	Land-wirtin / Landwirt	Reini-gungs-kraft	Haus-haltshilfe	Malerin / Maler	Maurerin / Maurer	Tank-wartin / Tankwart	Schnei-derin / Schneider	Tischlerin / Tischler
4. Öl und Benzin	Holz und Feile	Leiter, Pinsel und Farbe	Besen und Wisch-tuch	Steinen und Mörtel	Öfen und Töpfen	Traktor und Heu-gabel	Bügelei-sen und Wasch-maschine	Schere und Na-del
5. Autos besonders rasch und ordentlich zu wa-schen	Boden, Möbel und Fen-ster be-sonders gründlich zu putzen	besonders köstliche Gerichte zu erfin-den	Obst be-sonders rasch zu ernten und behutsam zu melken	wunder-schöne und be-sonders stabile Möbel zu machen	jede Wand besonders sauber zu streichen	moderne, besonders schöne Hosen und Klei-der zu schnei-dern	besonders solide zu mauern und ein ganzes Haus zu bauen	kleine Kinder zu hüten und in Küche und Bad zu helfen
6. Ara-bisch	Deutsch	Englisch	Franzö-sisch	Italie-nisch	Russisch	Polnisch	Spanisch	Tür-kisch

Antwort

_____, Rote Straße 113, 22087 Hamburg

An Herrn / Frau
_____
_____
_____

(Datum:)___.___._____

Sehr geehrte Frau / Sehr geehrter Herr,

haben Sie Dank für Ihre Bewerbung.

a) Leider haben wir schon einen / eine _____ gefunden.
   Deshalb erhalten Sie eine Absage. Die besten Wünsche für Ihre Zukunft.
b) Leider brauchen wir jemanden mit anderen Fertigkeiten.
c) Wir freuen uns über Ihr Schreiben und möchten Sie gern zu einem
   Bewerbungsgespräch einladen: am 14.12.2007 um 10:00 Uhr in der Rote
   Straße 113.

Mit freundlichen Grüßen
_____

Absender:
_____
_____
_____

An:
_____
_____
_____

7.2.3 Kurzgeschichte zum Thema „Körper und Gesundheit"

> Allmählich werden die Texte, die Sie lesen können, länger und schwieriger. Gehen Sie bei der nachstehenden Geschichte folgendermaßen vor.
> a) Die Bilder ansehen und Vermutungen über den Inhalt des Textes äußern.
> b) Die Geschichte lesen (z.B. einmal jeder leise für sich, dann reihum laut im Plenum).
> c) Rechtschreibprobleme, die im Buch noch nicht behandelt wurden, nur bei Bedarf von der Lehrperson kurz erklären lassen und ansonsten auf das Bekannte konzentrieren.
> d) Die anschließenden Fragen der Ich-Erzählerin beantworten. Wer schon sicher schreibt, antwortet in ganzen Sätzen. Wer es nicht so kompliziert mag, kann in Teilsätzen antworten. Pflicht: die ersten fünf Fragen. Kür: die restlichen Fragen.

In der Arztpraxis

Heute Morgen bin ich mit Bauchschmerzen aufgewacht. Was mache ich jetzt?
Ich rufe bei der Arbeit an. Sie sagen: „Gehe doch zum Arzt!"
Um acht Uhr macht die Arztpraxis auf. Also gehe ich los. An der Rezeption gebe ich meine Versichertenkarte ab. Die Frau ist freundlich und sagt, ich müsse warten. Nach einer halben Stunde werde ich aufgerufen. Ich habe Angst vor einer Spritze. Der Arzt fragt, warum ich da bin. Ich sage es ihm. Er tastet meinen Bauch ab und sagt: „Der Magen, der Darm und die Blase sind in Ordnung." Er horcht meine Lunge und mein Herz ab. Alles o.k. Zur Sicherheit gebe ich eine Blutprobe ab. Das Ergebnis wird morgen da sein. Erleichtert gehe ich nach Hause.
Am nächsten Tag wache ich auf. Ich habe keine Bauchschmerzen mehr. Die Frau von der Arztpraxis ruft an. Sie sagt: „Keine Sorge. Sie sind gesund." Leise sage ich: „Ich weiß. Ich habe das, was Frauen einmal im Monat haben."
Wir lachen. Ich entschuldige mich für die Aufregung.

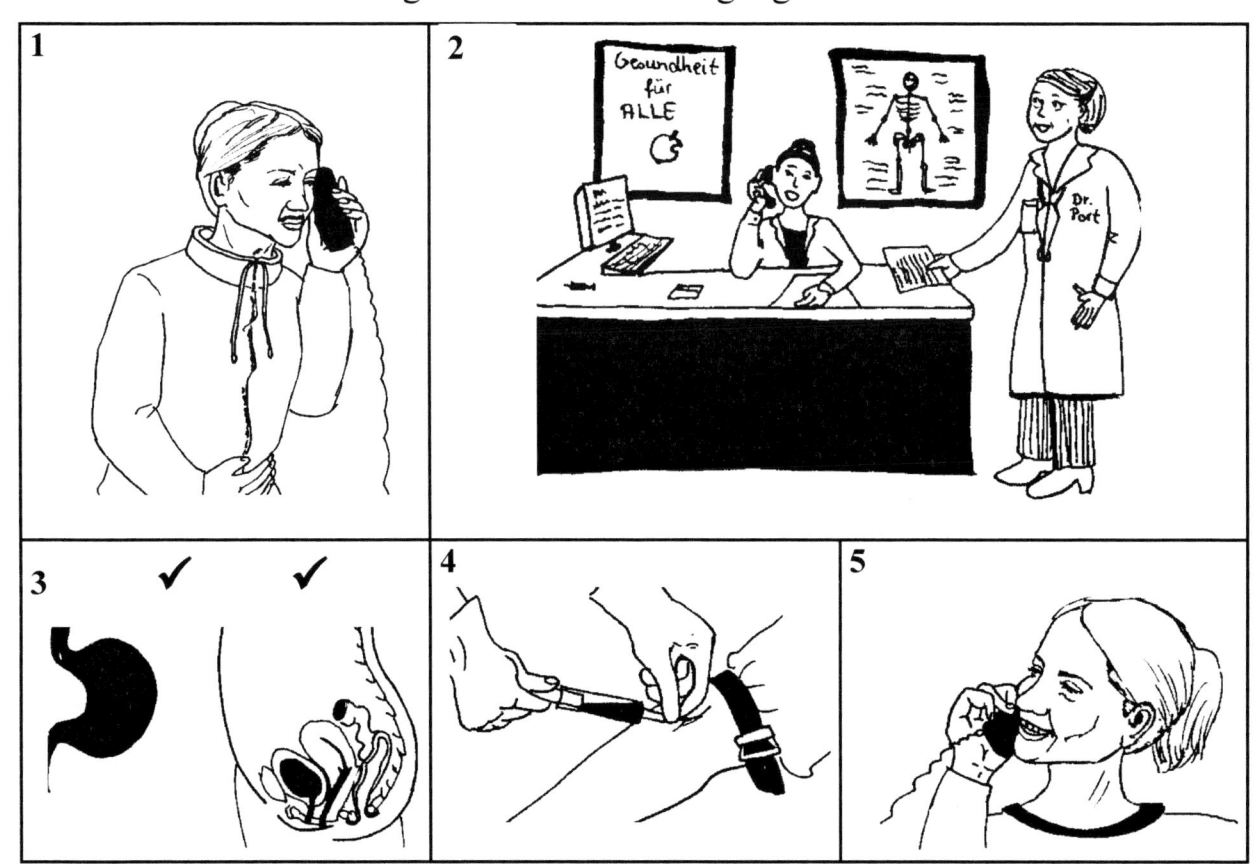

Textfragen

1. Wo habe ich am ersten Tag Schmerzen?

   Du hast Schmerzen im Bauch. / Im Bauch.

2. Wo rufe ich deshalb an?

3. Was tue ich nach dem Anruf?

4. Wann macht die Arztpraxis auf?

5. Wie lange muss ich warten?

6. Tut der Arzt das, wovor ich Angst habe?

7. Welche Organe horcht der Arzt ab?

8. Was ist am nächsten Tag mit den Bauchschmerzen los?

9. Wer ruft mich am nächsten Tag an?

10. Was sagt die Arzthelferin zu meinem Gesundheitszustand?

Zur Entspannung: Silbenweben zum Thema „Essen und Trinken"

> Zwischendurch gönnen Sie sich ein Silbenweben. Überlegen Sie sich danach andere Wörter zum Thema „Essen und Trinken", die mit den gleichen Buchstaben beginnen wie die Wörter im Spiel.
> a) Zuerst: die Quatschwörter neben den Bildern lesen.
> b) Silben verweben.
> c) Wörter mit gleichen Anfangsbuchstaben finden und unten in die Tabelle schreiben.

1. Ba — fel — ku — lat
2. Ap — la — sa — chen
3. Nu — si — schor — ne
4. Pflau — del — ti — kum
5. Ge — men — li — le

1. das _____   2. die _____
3. der _____   4. der _____
5. die _____

B	wie	Basilikum, Birne, _____
A	wie	Ap_____
N	wie	Nu_____
Pf	wie	Pflau_____
G	wie	Ge_____

7.2.4 Lektüre eines fiktiven Fernsehprogramms

Will man nicht wahllos von Programm zu Programm schalten, ist es nützlich, lesen zu können. Und so üben Sie, sich Informationen aus Fernsehzeitschriften zu erlesen:
a) Fiktives Fernsehprogramm rechts gemeinsam mit einer anderen Person durchlesen.
b) Zu dritt in die Rolle von Redakteuren der Zeitschrift schlüpfen und Lesern Sendungen empfehlen, die zu ihnen passen. Schreiben Sie wie im Beispiel Anrede, Titel, Uhrzeit und Sender.
c) In Einzelarbeit aufschreiben, welche der drei Sendungen um 20:15 Uhr Sie sich selbst ansehen würden und die Wahl begründen.

b) Redakteure der Zeitschrift „Schau rein!" beraten ihre Leser

1. 		Hallo, ich bin Lisa und mag besonders gerne Krimis. Was kann ich sehen?
		Hallo Lisa! Schauen Sie „Ein Betrüger gibt auf". Den Krimi gibt es um 20:15 Uhr auf Super 2. Ihre „Schau rein!"-Redaktion
2. 		Ich bin Sandy und sehe jeden Tag „Ramona - Eine Frau sucht den Weg". Ist Ferdinand nun der Richtige? Haben Sie die Antwort oder bleibt mir nichts, als auf die neuen Folgen zu warten?
3.		Hallo! Ich bin Sascha. Ich mag Mode. Gibt es eine gute Modesendung?
4.		Sehr geehrte Redaktion, wir sind Opa und Oma Huber. Wir möchten zu Hause Sport machen. Welche Sendung ist für uns richtig?
5.		Hallo Leute von „Schau rein!" Wir sind Erkan und Mavi. Wir möchten gute Nachrichten sehen. Welche Möglichkeiten gibt es?
6. 		Hallo! Ich bin Susi. Ich möchte selbst Möbel bauen. Gibt es dazu eine Sendung?
7. 		Hallo „Schau rein"! Ich bin Jens und leider zu schüchtern. Welche Sendung kann mir bei meinem Problem helfen?
8. 		Hallo, ich bin Selma und habe Probleme mit dem Computer. Gibt es eine Sendung, die mir helfen kann?

Schau rein! Die Fernsehzeitschrift von heute.

1 plus	Super 2	D.R.E.I !
15.00 „Nagel, Dübel und Co" Das Heimwerkermagazin - Möbel bauen leicht gemacht - Heute: Unsere Küche soll endlich schöner werden	**14.00 „Fit ab 50"** Sportsendung für Senioren Heute: Seilspringen	**15.00 „Dr. Winter"** Zwei Stunden Sprechstunde Haben Sie Sorgen? Der Psychologe hilft. Rufen Sie Dr. Winter an. Thema heute: Schüchternheit
16.15 „Tiere auf der Pirsch" Tierdokumentation Heute: Über Flamingos	**15.00 „Modisch und fein"** Das Fotomodel Marlis Bügel zeigt die neuste Mode aus Paris	**17.00 „Ramona - Eine Frau sucht den Weg"** **Folge 511: Ramona heiratet** Ramona heiratet Ferdinand. Ist der junge Pilot der Richtige? (*Wiederholung*)
18.15 „Zu Hause" Berichte aus der Region	**16.30 „Das Superbuch"** Das Kulturmagazin mit Moderatorin Elfi Kluge Heute: Gedichte aus Tansania	
19.30 „Bericht aus Deutschland" Die extralangen Nachrichten bei **1 plus**	**18.15 „Laut und wichtig"** Das Starmagazin mit Heiner Tratsch	**18.30 „Zu Gast bei Lola"** Der heutige Gast ist Moni Huber, der Star aus „Ramona - Eine Frau sucht den Weg"
20.15 „Rate mit" Das Ratequiz mit Prominenten und Petra Fragezeichen 10.000 Euro zu gewinnen!	**20.00 „Neues"** Nachrichten vom Tage Super 2 berichtet über Neues aus der Welt	**19.45 „Heute in der Welt"** Nachrichtensendung
	20.15 „Ein Betrüger gibt auf" Krimi mit dem Detektiv Fred Schlauberger und als böser Betrüger Kurt Lachner (siehe Bild)	**20.15 „Ramona - Eine Frau sucht den Weg"** **Folge 512: Die Scheidung**
22.00 „PC o.k." Das Computermagazin mit Sabrina Brille. Heute: Mein Computer macht was er will		**21.45 „Das Monster aus den Bergen"** Gruselfilm mit Torsten Ungeheuer und Andrea Lustig Ein Dorf lebt in Angst: Jeden Freitag klaut ein unheimliches Wesen die Rathaustür

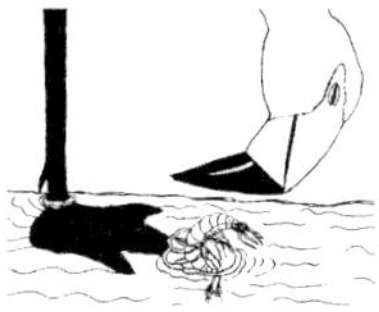

7.2.5 Kreuz- und Quer-Spiel

Auch das Ende der siebten und letzten Lektion des ersten Bandes bildet das Spiel, bei dem Sie nur Verbindungslinien zu ziehen brauchen. Verbinden Sie noch einmal die Bilder links mit den dazugehörigen Wörtern rechts, bevor Sie sich an den großen Abschlusstest setzen.

	der Onkel
	die Apfelsine
	das Geschenk
	die Tante
	der Geburtstag
	das Monster
	das Rathaus
	der Krankenwagen
	das Ratequiz

Abschlusstest

Bevor Sie sich dem zweiten Band zuwenden, haben Sie die Gelegenheit, Ihre bisherigen Kenntnisse in der Schriftsprache zu überprüfen. Im Aufbau folgt der Test dem Aufbau des Buches. Um festzustellen, ob Sie sich nicht nur bekannte Wörter eingeprägt haben, sondern auch in der Lage sind, die erlernte Systematik auf neue Wörter bekannter Struktur anzuwenden, werden im Test sowohl alte als auch neue Wörter abgefragt. Sorgen Sie für eine ruhige, konzentrierte Atmosphäre. Blättern Sie nicht zurück. Lassen Sie sich alle Wörter einmal vorab vorlesen und gegebenenfalls die Bedeutung erklären. Schreiben Sie nun recht zügig mit, wenn Ihnen die Wörter ein zweites Mal diktiert werden. Für jedes richtig geschriebene Wort erhalten Sie einen Punkt. Wie viele Punkte erreichen Sie? Analysieren Sie mit Hilfe einer Lehrperson, in welchem Bereich noch Lücken vorhanden sind. Sie können jederzeit Lektionen und auch ganze Kurse wiederholen – bis es auf einmal ganz leicht geht. Viel Erfolg wünschen Ihnen die Autorinnen!

Bild	bekanntes Wort	Punkte	Bild	neues Wort	Punkte
	KVKV				
	1. der			5. die	
	2. der			6. die	
	3. die			7. die	
	4. die			8. die	
	KVKVKV				
	9. die			13. der	
	10. das			14. der	
	11. die			15. die	
	12. die			16. das	

Endungen

	17.	der		20. der	
	18.	der		21. der	
	19.	der		22. der	

KH Mitte

	23.	die		25. die	
	24.	der		26. die	

KH vorn

	27.	der		30. der	
	28.	die		31. die	
	29.	der		32. die	

KH in zusammengesetzten Wörtern

	33. die			37. der	
	34. die			38. der	
	35. die			39. der	
	36. die			40. der	

Punktzahl bei bekannten Wörtern: Punktzahl bei unbekannten Wörtern:

Gesamtpunktzahl:

Anhang: Lösungen und Diktiervorlagen

Lektion 1	**Die ersten Schritte**	**Seite**
1.5	Anwendung	18

1. P wie Parkplatz   2. A wie Apotheke   3. H wie Haltestelle   4. L wie Liter   5. g wie Gramm
Vorschläge für Entdeckungen: S wie S(chnell)-Bahn, U wie U(untergrund)-Bahn, A wie „Aldi", m wie Meter, M wie München, B wie Berlin, t wie Tonne ...

Lektion 2	**Von Lauten zu Wörtern [KVKV]**	
2.2.1	Thema „Tiere und Natur"	20

Auflistung der gesuchten Begriffe von links nach rechts und von oben nach unten:
Pute, Uhu, Eule, Rabe, Meise / Stute, Kühe / Löwe, Sau / Fische, Hase, Made

2.2.2	Thema „zu Hause"	21-22

Auflistung der gesuchten Begriffe von links nach rechts und von oben nach unten:
Töpfe, Sofa, Opa, Dusche / Schale, Oma / Name / Spüle / Schere, Euro, Öse, Reibe

2.2.3	Thema „Essen und Trinken"	23-24

Limo, Öl, Wein, Reis, Cola / Dose, Tüte / Ei, Rauke, Feige, Kiwi, Tofu

2.2.4	Thema „Körper"	25

Auge, Beule / Nase / Arm, Po / Hand, Beine / Zehe, Wade

2.3.1	Ganze Wörter schreiben	26

Beule, Nase, Cola / Pute, Dusche, Töpfe / Fische, Rauke, Auge / Sofa, Hase, Schere
Juni, Spüle, Stute / Kiwi, Taxi, Löwe / Wade, Meise, Zehe

2.3.2	Wortpaare zur Lautunterscheidung	27-28

Yoga, Juli / Foto, Muli / Ehe, Juni / Zehe, Kilo / Mama, Kino / Dame, Scheune
Seide, Seite / Papa, Buche / Hupe, Haube / Feile, Woche / Stufe, Möwe
Seife, Zofe / Rose, Polizei / Geige, Keule / Feige, Pauke

2.3.3	„Au", „ei" oder „eu"?	28-30

Keule, Haus, Scheine / Pauke, Bein, Pause / Leine, Scheune, Reuse / Heu, Steine, Seife
Raute, Eule, Ei / Auto, Euro, Meise / Leute, Eis, Rauke
Eiche, Bauch, Raupe / Weide, Beute, Neun / Maus, Meute, Schaum / Taube, Pfeile, Haube

	Zusatzaufgabe: Ein Tier mit B?	31

1. der Biber, 2. die Raupe, 3. der Puma, 4. das Schaf, 5. der Löwe, 6. der Uhu, 7. die Meise

2.3.4	Rätsel: Welches Lösungswort wird gesucht?	32

SOFA, **D**USCHE, **P**O, **S**CHERE, **R**OSE Lösungswort: SUPER

Lektion 3	**Die Wörter werden länger [KVKVKVKV]**	
3.1.1	Thema „Essen und Trinken"	33

1.Limonade, 2.Melone, 3.Ananas, 4.Banane / 5.Schokoladeneis, 6.Gemüse, 7.Tomate
8.Limone, 9.Rosine, 10.Schokolade / 11.Oregano, 12.Marinade, 13.Gelatine / 14.Marmelade

	Erste Sätze	34-36

S. 34: Wir essen eine Kiwi. / Wir essen ein Ei. / Wir essen eine Banane.
Wir mögen Oma. / Wir mögen Opa. / Wir mögen Eis.
S. 35: Wir kochen Tofu. / Wir kochen Reis. / Wir kochen Gemüse.
Wir trinken Limonade. / Wir trinken Soda. / Wir trinken Cola.
Wir malen neun Fische. S. 36: Wir malen eine Geige. / Wir malen ein Haus.
Wir hören ein Auto. / Wir hören Leute. / Wir hören eine Düse.
Wir kaufen eine Tomate. / Wir kaufen Schokolade.

3.1.2	Thema „zu Hause"	37

1. die Tapete, 2. das Regal, 3. der Fernseher / 4. das Radio, 5. der Staubsauger, 6. das Laminat
7. das Bügeleisen, 8. die Waschmaschine, 9. das Tischbein / 10. die Stereoanlage, 11. der Kamin
12. der Garten, 13. der Nachbar, 14. das Telefon

| Rätsel: Welches Lösungswort wird gesucht? | 38 |

TELEFON, WASCHMASCHINE, NACHBAR, GARTEN, REGAL, FERNSEHER, LAMINAT, RADIO, TISCHBEIN Lösungswort: FANTASTISCH

| 3.2 | Ähnliche Wortendungen | 39 |

Becher, Nagel, Besen, Gabel, Haken, Nadel, Hebel, Kugel, Faden, Mixer, Eimer, Biber, Tiger,

| 3.3.1 | Sinnentnehmendes Lesen 1 | 40 |

von oben inklusive Beispiel: f,r,f,f,f,r,f,r,r,r,f,f

| 3.3.2 | Auf Fragen antworten | 41 |

von oben ohne Beispiel: Nein, das ist ein Fisch. Ja, das ist eine Raupe. Ja, das ist eine Nadel. Nein, das ist eine Wade. Ja, das ist ein Po. Ja, das ist ein Becher. Nein, das ist eine Cola. Nein, das ist ein Igel. Ja, das ist ein Faden.

| 3.3.3 | Sinnentnehmendes Lesen 2 | 42 |

Bild 1: Ich lese eine Zeitung. + Ich lese auf dem Sofa. Bild 2: Oma und Opa kochen in der Küche. Bild 3: Die Beule ist am Arm. Bild 4: Die Zehen sind am Fuß. Bild 5: Ich kaufe eine Gabel. Bild 6: Ich male eine Laus. Bild 7: Wir essen Reis. Bild 8: Oma und Opa gehen in den Supermarkt.

| 3.3.4 | Schreibanlass1: Wissen zusammentragen | 43 |

Vorschläge
Tiere, die ich kenne und schreiben kann: **Laus, Meise, Löwe, Biber, Tiger, Igel, Fische, Sau, Maus, Raupe, Uhu, Eule, Muli, Hase, Stute, Pute, Made, Kühe, Rabe** (Elefant, Gans, Kamel, Schaf, Vogel, Wurm)
Essen, das ich kenne und schreiben kann: **Ei, Öl, Rauke, Feige, Kiwi, Reis, Tofu, Eis, Gemüse, Melone, Ananas, Banane, Gelatine, Marinade, Schokolade, Limone, Tomate, Marmelade, Rosine, Oregano, Fisch** (Pilz, Äpfel)
Möbel und Geräte, die ich kenne und schreiben kann: **Besen, Schere, Telefon, Hebel, Mixer, Feile, Waschmaschine, Fernseher, Radio, Staubsauger, Dusche, Spüle, Kamin, Sofa, Regal, Tisch(bein)** (Pfanne, Computer)
Körperteile, die ich kenne und schreiben kann: **Auge, Nase, Arm, Hand, Po, Beine, Wade, Zehe, Hals** (Mund, Bauch, Fuß)

| **Lektion 4** | **Einführung in die Konsonantenhäufung** |

| 4.2.1 | Thema „Tiere und Natur" | 46 |

In der Luft sind: der **Kranich**, die **Fledermaus**, die **Schwalbe**.
Am Ufer sind: die **Schlange** und der **Flamingo**.
Im Wasser sind: das **Krokodil**, die (der) **Krake** und der **Frosch**.
An Land sind: die **Flöhe**, die **Schweine** und das **Eichhörnchen**.

| 4.2.2 | Thema „zu Hause" | 47 |

Erst von oben nach unten, dann von links nach rechts:
1. die Lampe, 2. der Knabe, 3. der Flur, 4. der Kranz, 5. die Klinke
6. die Tragetasche, 7. die Flasche, 8. der Bleistift, 9. die Flöte, 10. der Triangel
11. die Fensterbank, 12. die Bilder, 13. die Eltern, 14. der Schlauch, 15. das Trampolin
16. die Schwester, 17. der Bruder

| Eine Mindmap erstellen | 48 |

Vorschläge:
„ZU HAUSE" - Personen - andere Personen: Dame, **Knabe**, Zofe, Nachbar
„ZU HAUSE" - Personen - Familie: **Oma**, Opa; **Eltern** - Mama, **Papa**; Kinder - Tochter - Geschwister . Bruder, **Schwester**
„ZU HAUSE" - Räume /mit Zubehör - Stube - **Sofa**, Tisch; **Küche** - Spüle; **Flur** - Haustür - **Klingel**, Bad - Klo, **Dusche**
„ZU HAUSE" - **Hausrat / Sachen / Dinge** - Küchenutensilien: **Gabel, Becher**, Schere, **Schale, Reibe, Dose / Töpfe**
„ZU HAUSE" - **Hausrat / Sachen / Dinge** - Elektrogeräte - **Mixer, Fernseher / Computer, Waschmaschine / Bügeleisen**, Stereoanlage, **Staubsauger / Lampe**

„ZU HAUSE" - **Hausrat / Sachen / Dinge** - Sonstiges - Nagel, **Faden, Nadel, Eimer, Haken,** Öse, **Auto,** Seife
„ZU HAUSE" - **Hausrat / Sachen / Dinge** - Instrumente - Geige, **Triangel, Flöte, Pauke, Xylofon**

| 4.2.3 | Thema „Essen und Trinken" | 49 |

der Streuselkuchen, die Weintraube, der Paprika / die Praline, das Schwarzbrot, die Kirsche
das Müsli / die Birne, / die Brause, die Brezel, der Brotkrümel, die Erbse, das Brötchen, die Milch. Und neben dem Brötchen und dem Schwarzbrot gibt es auch noch ein **Fladenbrot**.

| 4.2.4 | Thema „Körper" | 50 |

1. die Frau, 2. die Wimper, 3. die Braue, 4. die Brust, 5. die Hand, 6. der Knochen,
7. der Oberschenkel, 8. das Blut, 9. der Fingernagel, 10. die Blase, 11. der Knöchel, 12. der Muskel

| 4.3 | Silbenfinden | 51 |

Scho ko la den eis,   Ste re o an la ge,   Ba de an zug,   Hun de schwanz,   Wasch ma schi ne
Klei der schrank,   Vo gel schna bel,   O ber kör per,   Brot krü mel,   Wein fla sche
Fern se her,   Eich hörn chen,   Pflau men ku chen,   Fla min go,   O ber schen kel

| 4.4 | Verben schreiben | 52 |

graben, klingeln, sprechen, blühen, braten
fragen, freuen, schlafen, springen, tragen
kochen, schneiden, kaufen, schreiben

| 4.5 | Adjektive schreiben | 53 |

breit, klein, lang, krank, leicht, groß, schmal, schwer, stark, schlank, schwach
Gegensatzpaare: breit - schmal; klein - groß; leicht - schwer; stark - schwach
Vorschläge für einzelne Adjektive: lang - **kurz**; krank - **gesund**; schlank - **feist**

| 4.6.1 | Sinnentnehmendes Lesen von Sätzen mit Konsonantenhäufungen | 54 |

Können Oma und Opa sprechen? Ja. Nein, Nein, Ja, Ja, Ja, Nein, Ja, Ja, Nein, Ja, Ja (?)

| 4.6.2 | Auf Fragen antworten | 55 |

Ohne Beispiel: Nein, der Junge ist klein. Ja, der Junge ist groß. Ja, der Weg ist schmal.
Nein, der Weg ist breit. Nein, die Tasche ist schwer. Ja, die Tasche ist schwer.
Ja, die Person ist stark. Nein, die Person ist schwach. Ja, der Strich ist lang. Ja, der Strich ist kurz.

| 4.7.1 | Silbenfinden | 56 |

Pflau men ku chen,   Ta pe te,   Schwarz brot,   Heu ga bel,   Sil ben bo gen
Un ter schen kel,   Schwan ger schaft,   Ze bra strei fen,   Re gen schirm
Kran ken haus,   Klei der bü gel,   Ki no film

| 4.7.2 | „Au", „ei" oder „eu"? | 57-58 |

Im Zickzack von links nach rechts, dann von oben nach unten:
das Krankenhaus, die Brauerei *(kann man bei „au" und bei „ei" einordnen!)/*
das Schwein, Europa / die Frau, der Leuchter / die Kleider, die Kreide
das Kraut, die Vogelscheuche / das Kreuz, der Schlauch / klein, freuen
teuer, schneiden / schreien, die Braut / die Schaukel, die Freunde

| 4.7.3 | Rätsel: Welches Lösungswort wird gesucht? | 59 |

FLAMINGO, BLUT, TEUER, GRABEN, SCHREIBEN, FLEDERMAUS, SCHRANK, BRÖTCHEN, TRAGEN Lösungswort: GUT GEMACHT

| **Lektion 5** | **Die Schulung des genauen Hinsehens** |

| 5.1.1 | Wo fehlt ein „L" / „l"? | 61 |

die Beule, der Fingernagel, die Flöte, schlafen, der **L**euchter, das Iglu, der Flamingo, der Kleiderbügel, lachen, die Falten, **der** Lichtschalter, klingeln, das TV- Kabel, das Flugzeug, der Lötkolben

| 5.1.2 | Auflockerung: Was habe ich vergessen? | 62 |

Eine Ananas ist leider nicht im Einkaufskorb gewesen!

5.1.3   Wer entdeckt alle „F" / „f"?   62
Ich habe 10 (mal) F / f gefunden (mit dem markierten Beispiel).

5.1.4   Wo fehlt ein „R" / „r"?   63
der Sch**r**ank, der Finge**r**nagel, sch**r**eiben, die B**r**aut, der Leuchte**r**, der Beche**r**,
sp**r**ingen, die **R**ehe, F**r**ankreich, die Sch**r**aube, der **R**egenschirm, das B**r**ötchen,
das Schwa**r**zbrot, die B**r**auerei, g**r**oß, der Hubsch**r**auber, der **F**risör

5.1.5   Wörtersuche zum Thema „zu Hause"   64
1. der **Mixer**, 2. der **Nagel**, 3. der **Bleistift**, 4. der **Becher**, 5. der **Eimer**, 6. der **Kranz**,
7. das **Fenster**, 8. die **Klingel**. Die gesuchte Stadt ist **Berlin**.

5.1.6   Wo fehlt ein „W" / „w"?   65
das Sch**w**ein, die Sch**w**albe, der Lö**w**e, der **W**urm, die **W**espe,
die Mö**w**e, der Hundesch**w**anz, der **W**al, die Ant**w**ort, die Be**w**erbung, das Sch**w**arzbrot,
der Einkaufs**w**agen, die **W**urzel, der Sch**w**ur, die Sch**w**ester

5.2   Lückendiktat: Welche Buchstaben fehlen im Satz?   66;67
1. Die Blumen blühen auf der Weide. 2. Meine Schwester ist im Krankenhaus.
3. Einige Flamingos leben in Afrika. 4. Die Flöhe springen auf den Tisch.
5. Mein Finger blutet. 6. Wir braten grünen Paprika. 7. Die Schüler schreiben ins Heft.
8. Die Ringe glitzern im Schaufenster. 9. Ich trage eine schwere Einkaufstüte.

5.3   Positionierung einmal anders   68;69
So ein Pech! Kein Ausgleich für uns. Und nun ist auch schon: **H A L B Z E I T**!

5.4   Welche Wörter erkennen Sie?   70
Wir kennen: der Arm (z.B. aus Lekt. 2.2.4), das Auto (z.B. aus Lekt. 3.1.1), der Knochen (z.B. aus Lekt. 4.2.4), das Schaf (z.B. aus Lekt. 1.1), das Schaufenster (z.B. aus Lekt. 5.2), die Ringe (z.B. aus Lekt.5.2), die Hose (z.B. aus Lekt.1.1), die Dusche (z.B. aus Lekt. 2.2.2), die Oma (z.B. aus Lekt. 2.2.2 oder 3.1.1)
Wir kennen noch nicht: die Schachtel, das Altertum, der Knoten, die Ameise
der Hamster, das Hotel, der Reiter

5.5   Schreibanlass: Mitteilungsbedürfnis   71
Vorschlag:
Datum: 06.10.2007
Mein Name lautet **Sabine Hunte**.
Ich bin **in der Schweiz** geboren.
Ich wurde **am 24. Juni 1990** geboren.
Ich mag besonders gern **Cola** trinken und **Rauke mit Tomaten und Öl** essen.
Kraut und Fisch mag ich überhaupt nicht essen.
Nein, ich habe noch keine Kinder.

Am Wochenende schlafe ich gern lange und gehe abends tanzen.
Auf den Bahamas würde ich gern einmal Urlaub machen.
Im Fernsehen schaue ich mir gern **„Marienhof" und Krimis** an.
In der Schule mag ich gern **vorlesen und zuhören**.
In der Schule mag ich nicht so gern **schreiben**.
Den Buchstaben K mag ich gerne.
Den Buchstaben L mag ich nicht.
Für die Zukunft wünsche ich mir **Gesundheit, Geld, Spaß, eine sichere Arbeitsstelle, Kinder**

Lektion 6	Erste Schwierigkeiten bei der Lautierung

6.1.1   Die Unterscheidung zwischen „Sch"/„sch", „Sp"/„sp" u. „St"/„st"   73-75
1. Ich esse gerne **Sp**inat. 2. Die Autos stehen im **St**au.
3. Renate und Emil essen Kuchen mit **St**reuseln. 4. Unsere Nachbarn haben oft **St**reit.
5. Wir gehen in die **Sch**ule. 6. Die Flöhe **sp**ringen hoch.
7. Abdul kauft sich einen neuen **Sch**rank. 8. Bitte **sp**rich deutlich, damit ich dich verstehe.

9. Sechzig Minuten sind eine **St**unde. 10. Ich schreibe mit dem blauen **St**ift.
11. Die Brüder sitzen auf der **Sch**aukel. 12. Tuna lernt die deutsche **Sp**rache.
13. Das sind schöne **St**eine. 14. Ich habe dir köstliche **Sch**okolade mitgebracht.
15. Schalte sofort den **St**rom ab. 16. Wir machen gemeinsam **Sp**ort.
17. Der Arzt gibt mir eine **Sp**ritze.

Tabelle: 5 mal *Sch / sch* - schlafen, Schule, Schrank, Schaukel, Schokolade
            6 mal *Sp / sp* - Spinat, springen, sprich, Sprache, Sport, Spritze
            7 mal *St / st* - Streuseln, Streit, Stunde, Stift, Steine, Strom, Stau

6.1.2   Die Unterscheidung zwischen „G"/„g" und „K"/„k"   76;77
1. Ich habe blaue Au**g**en. 2. Omar reitet auf einem **K**amel.
3. Ich bü**g**(e)le die Hosen. 4. Der Flamin**g**o ist rosa. 5. Er kauft zwei **K**ilo Nudeln.
6. Wir mö**g**en Fei**g**en. 7. Ich gebe Rau**k**e in den Salat. 8. Die Sau hat drei bezaubernde Fer**k**el.
9. Opa hat fünf kleine En**k**el. 10. En**g**el haben Flü**g**el. 11. Agnes und Murat trinken Cola.
12. Jeder Baum hat Zwei**g**e. 13. Der **K**u**g**elschreiber schreibt undeutlich.
14. Jetzt haue ich auf die Pau**k**e. 15. Dein Fin**g**erna**g**el ist aber lang.
16. Nadja besitzt zwölf **K**leider. 17. Oma macht Streuselkuchen.
18. Ich **g**rabe ein Loch in die Erde. 19. Unser **G**arten ist schön.
20. Bist du **k**rank? 21. Das Feuer im **K**amin macht den Raum warm.
22. Wir sin**g**en einen Kanon. 23. Familie Küne hat drei **K**inder.

6.1.3   Wörtersuche zum Thema „Körper und Gesundheit"   78
1. die **Braue**, 2. die **Frau**, 3. das **Krankenhaus**, 4. der **Knochen**, 5. der **Knöchel**,
6. der **Fingernagel**, 7. der **Oberschenkel**, 8. die **Brust**.   Das gesuchte Land ist **Polen**.

6.1.4   Die Unterscheidung zwischen „M"/„m" und „N"/„n"   79-81
1. Vorsicht, da ist eine **M**ade im Apfel. 2. Mein **N**achbar harkt das Laub.
3. Ich wünsche dir eine gute **N**acht. 4. Die **M**aus sucht etwas zu essen.
5. Mach ruhig das Feuer im Ka**m**in an. 6. Ich mag eiskalte Li**m**onade.
7. Ist elf **m**inus zwei gleich acht? 8. In der Oase sehe ich eine Pal**m**e.
9. Oma und Opa streichen den Zau**n**. 10. Sei pü**n**ktlich zu Hause.
11. Am Woche**n**e**n**de schlafen wir lange. 12. Warst du schon in A**m**erika?
13. Warum gibst du mir keine A**n**twort? 14. Trinkst du gerne **M**ilch?
15. Maria hat **n**eun blaue Kleider im Schrank. 16. Das **N**ashor**n** weidet in der Serengeti.
17. Ich kaufe jeden **M**o**n**at ein Buch. 18. Braucht das Auto Öl oder Benzi**n**?
19. In China gibt es Pa**n**das. 20. Paul ist ein guter **M**e**n**sch.
21. Ich besuche meine Schwester in **M**ünchen. 22. Wir si**n**gen einen Kanon.
23. Die Kinder suchen am Strand nach **M**uscheln. 24. Freust du dich auf den Wi**n**ter?
25. Wir mögen die **N**atur. 26. Dort heult eine ganze **M**eute von Wölfen.

6.1.5   Die Unterscheidung zwischen „Sch"/„sch und „Ch"/„ch"   81-83
1. Ich la**ch**e über seinen Witz. 2. Trägt mir mal jemand die Ta**sch**e?!
3. Mein Knö**ch**el schmerzt. 4. Atakan möchte endlich mal ein ganzes Bu**ch** lesen.
5. Wir **sch**reiben Wörter in das Heft. 6. Nachts **sch**narcht Opa laut.
7. Ich bin überhaupt nicht **sch**wach! 8. Aber das Paket ist **sch**wer.
9. Wir spre**ch**en leise, weil die Kinder schlafen. 10. Na**ch**ts ist es dunkel.
11. Die Frau links ist **sch**lank. 12. Gehe an der Kreuzung nach re**ch**ts.
13. Findest du im Dunkeln den Li**ch**t**sch**alter? 14. Das Ei**ch**hörn**ch**en lebt im Baum.
15. Die Firma schenkt den Kunden Kugel**sch**reiber. 16. Das **Sch**wein trinkt Wasser.
17. Die Schokolade landet im Bau**ch**. 18. Ich stehe vor dem Kino **Sch**lange.
19. Der neue Ko**ch** ist super. 20. Im Be**ch**er ist warme Milch.
21. Hören Sie, die Bröt**ch**en sind aber von gestern. 22. Im Park gibt es Blumen und alte Bu**ch**en.
23. Die Früchte der Ei**ch**e sind die Eicheln. 24. Der Hub**sch**rauber schwebt durch die Luft.

            Zusatzaufgabe: Fragen beantworten   83
1. Er schnarcht. 2. Ein Buch. 3. Im Bauch. 4. Ein Hubschrauber. 5. Der Koch.

6.1.6   Zur Auflockerung: Wer ist wer?   84
1. Name: Ali, 2. Name: Kim, 3. Name: Moni, 4. Name: Nihal, 5. Name: Senfo, 6. Name: Agnes

6.1.7   Die Unterscheidung zwischen „B"/„b" und „P"/„p"   85-87
1. Mach bitte die **L**ampe an! 2. Ich esse Schwarz**b**rot.
3. Europa ist ein Kontinent. 4. Ich fege den Hof mit dem **B**esen.
5. Die **B**ilder sind an der Wand. 6. Wir **b**raten Pilze und Lauch.
7. Wie hoch ist der **P**reis? 8. In der **O**per wird gesungen.
9. Ich rufe den **O**ber zum Bestellen. 10. Dilan kauft **P**aprika.
11. Die Eiche ist ein **B**aum. 12. **B**isons leben in Amerika.
13. **P**olen ist ein Nachbarland Deutschlands. 14. Unter dem Hemd sehe ich deinen Bauchnabel.
15. In China lebt der **P**anda. 16. Ich wische den **B**oden.
17. Das TV- **K**abel ist defekt. 18. Er **p**ustet die Kerze aus.
19. Die **T**apete ist gelb. 20. Ich lese ein **B**uch.
21. Der Vogel hat einen Schnabel. 22. Opa braucht zum Lesen eine Lupe.
23. Ich wasche nur noch die letzte **G**abel ab. 24. Au! Die Wes**p**e hat mich gestochen.
25. Bring bitte das Paket zur **P**ost. 26. Das war **p**rima.

6.1.8   Die Unterscheidung zwischen „S"/„s" und „Z"/„z"   87-89
1. Wir essen oft Rosinen. 2. Andere Leute essen öfter **Z**wetschgen.
3. Mein Auto braucht eine Menge Benzin. 4. Ich trinke Saft.
5. **Z**ofen halfen adligen Frauen. 6. **Z**ebras leben in Afrika.
7. Senfo fegt den Hof mit dem Besen. 8. Schau mal! Wir haben ein neues Sofa.
9. Hast du morgen **Z**eit? 10. Oma und Opa lesen in der **Z**eitung.
11. Ich höre gern schöne Musik. 12. Adam kocht Gemüse.
13. Im Dezember ist es kalt. 14. Die Meise ist ein hübscher Vogel.
15. Der Fernseher ist stets angeschaltet. 16. Nadja besitzt **z**wölf Kleider.
17. Puste bitte die qualmende Kerze aus. 18. Er wird morgen zum Arzt gehen.
19. Wer sitzt da auf der Bank? 20. Moni kauft **z**wanzig frische, rote Tomaten.
21. Wer hat aus meinem Glas getrunken? 22. Die Beamten an der Grenze wirken streng.
23. Der arme Esel ist krank. 24. Ich würde gern Französisch lernen.
25. Mein alter Badeanzug ist mir leider zu eng. 26. Diese Übung habe ich super gemacht!

        Zusatzaufgabe: Sätze vervollständigen   89
1. Der Esel ist krank. 2. Nadja besitzt zwölf Kleider. 3. Diese Übung habe ich super
gemacht. 4. Die Beamten an der Grenze wirken streng. 5. Puste die qualmende Kerze aus.

6.1.9   Auflockerung: Was habe ich vergessen?   90
Ein Brötchen ist leider nicht im Einkaufskorb gewesen.

6.1.10   Die Unterscheidung zwischen „D"/„d" und „T"/„t"   91-93
1. Mach mir mal die **D**ose auf! 2. Morgens esse ich gern Marmela**d**e.
3. Rufst du mir ein **T**axi? 4. Ich brauche einen neuen Badeanzug.
5. Ist in der Flasche ein Liter Saft? 6. Die **T**aschenlampe leuchtet mir den Weg.
7. Die Gar**d**ine ist frisch gewaschen. 8. Mach sofort die **T**ür zu!
9. Die **D**romedare essen Gras. 10. Wir **t**anzen in der **D**isko.
11. **D**rachen gibt es nur in alten Geschichten. 12. Lege die Gabel auf den **T**isch!
13. Ich **t**rinke gern ein Glas Wein. 14. Magst du Weintrauben?
15. Haltet das Ru**d**er fest! 16. Wir **t**auchen im Ozean.
17. Ich habe Muskelkater in der Wa**d**e. 18. Wir schützen die Natur.
19. Magst du mir die **T**ragetasche **t**ragen? 20. Ein Schneider braucht zwanzig Na**d**eln.
21. Wir kochen gemeinsam Nu**d**eln. 22. Morgen ist unsere **T**rauung in der Kirche.
23. Wir leben in **D**eutschland. 24. Der Knabe hüpft auf dem **T**rampolin.
25. Magst du Schokolade? 26. Ist in der Quarkspeise Gelatine?

6.1.11   Die Unterscheidung zwischen „F"/„f" und „W"/„w"   93-95
1. Der Löwe putzt sich. 2. Ich schlafe gerne lange.
3. Rufus schaut aus dem **F**enster. 4. Die **W**aschmaschine ist an.

5. Die Kinder **w**inken aus dem Bus. 6. Der Del**f**in lebt im Ozean.
7. Ist heute **F**reitag? 8. Mein Bruder hat eine Bau**f**irma.
9. Ich schreibe eine Bewerbung. 10. Sind das etwa **W**anzen an der Wand?
11. Ich **f**rage nach der Uhrzeit. 12. Ich sehe in das Schaufenster.
13. Die Kinder **w**einen. 14. Wir **w**andern in den Bergen.
15. Im **W**inter ist es kalt. 16. **F**rankreich ist ein Nachbarland Deutschlands.
17. Achtung! Da rast eine La**w**ine auf uns zu. 18. Ich kaufe eine neue Stereoanlage.
19. Die Kara**w**ane sucht eine Oase. 20. Möchtest du eine Ki**w**i essen?
21. Das sind meine **F**reunde. 22. Ich **w**asche mein Gesicht.
23. Warte bitte! Ich brauche noch eine **W**eile. 24. Dort oben ist eine **F**ledermaus.
25. Wir gehen durch den **W**ald. 26. **W**ir lernen lesen und schreiben.

     Zusatzaufgabe: Welche Wörter passen?   95
1. Deutschland, Land. 2. tanzen, Disko. 3. Tischler, Arbeit. 4. Taschenlampe. 5. Nudeln.
6. Frisör, Schere. 7. freuen, winken. 8. waschen. 9. Schaufenster. 10. Baum, Wald.

6.1.12   Rätsel: Welches Lösungswort wird gesucht?   96
TRA**G**EN, **K**LEIN, KR**Ü**MEL, **C**OMPUTER, **K**RANK, SCH**W**EIN, GEBURTSTA**G**, TRI**N**KEN,
SCHLANGE Lösungswort: GLÜCKWUNSCH

6.1.13   Wortdiktat zur Einordnung von Konsonanten   97
B / b: bunt, das Brot, der Bambus, der Biber, die Blase, bleich, bald, der Besen, das Blech
D / d: das Dorf, die Dose, dreist, der Daumen, der Dübel, das Dach, das Drama, der Dolch
F / f: der Finger, die Frau, die Frucht, die Frage, der Frosch, frech, frisch, fremd, freundlich
  der Fisch, die Flasche, feist
G / g: das Gras, das Glas, gern, die Gabel, graben, geben, gut, der Glaube, gegen, der Geist, grün
H / h: das Haus, der Hafer, hoch, der Helm, der Hut, Hamburg, der Hase, das Heu, der Hagel
J / j: der Junge, der Jaguar, ja, die Jade, Jerusalem, der Juni, der Juli, der Januar, jeder, jagen
K / k: das Krankenhaus, das Kreuz, der Kranz, der Kleister, klein, der Kelch, kurz, die Keule
L / l: das Lama, der Löwe, die Lampe, der Leuchter, das Licht, die Liste, lesen, lachen, laut, leise
M / m: die Muschel, der Mensch, die Mandarine, die Macht, machen, malen, merken, die Möbel
  die Mode, die Mauer, die Marinade
N / n: die Nudel, die Note, die Not, die Nadel, der Nagel, die Natur, die Nachrichten, naschen, neu, nein
P / p: der Preis, die Post, der Po, das Plakat, das Polster, pochen, planschen, das Paket, der Pudel,
  der Park, der Panter
R / r: der Reis, die Reklame, die Rutsche, die Reuse, der Reifen, die Raupe, die Reise, rufen,
  der Regen, das Regal
S / s: die Sau, der Salat, das Salz, der Satz, der Saft, das Sofa, sofort, sondern, sagen, suchen,
  das Segel, die Sauna
Sch / sch: der Schaum, der Schaden, scheu, der Schlaf, die Schokolade, die Schaukel, der Schrank, schade
Sp / sp: der Sport, der Spargel, das Sparschwein, springen, die Spritze, die Spitze, die Spreu,
  spitz, sparsam, die Sprache
St / st: der Stau, die Stufe, der Strumpf, der Streusel, der Stein, stehen, steigen, steil, stark,
  der Stempel, der Stachel
T / t: das Trampolin, das Telefon, tauchen, teuer, die Taube, der Turm, die Taufe, der Tanz,
  der Traum, die Tafel
W / w: der Wal, das Wunder, die Welt, weil, die Ware, wo, die Wirklichkeit, der Wein,
  die Waschmaschine, der Wirbel, die Wurzel
Z / z: die Zunge, die Zügel, der Zaun, die Zitrone, der Zorn, zwei, der Zunder, der Zauberer

6.1.14   Zur Entspannung: Silbenweben zum Thema „Supermarkt"   98
1. die **Plas tik tü te**, 2. das **Son der an ge bot**, 3. die **Fleisch ab tei lung**
4. der **Ein kaufs wa gen**, 5. die **Tra ge ta sche**

6.2	Lauttabelle mit Beispielwörtern			99
	1.	a	Ananas	
	2.	e	Esel	
	3.	ɛ	Erde	
	4.	ə	Dame	
	5.	i	Igel	
	6.	ɪ	Insel	
	7.	o	Mond	
	8.	ɔ	Gold	
	9.	u	Schule	
	10.	ʊ	Bus	
	11.	ø	Öl	
	12.	œ	Behörde	
	13.	y	Übung	
	14.	ʏ	Bürste	

6.2.1   Zur Unterscheidung zwischen gespanntem und ungespanntem „o" und „u"   99-102

S. 100;101: 1. Ich kaufe neue Sch**u**he. 2. Im Garten ist eine R**o**se. Sie ist r**o**t.
3. Ich esse gerne N**u**deln. 4. Mein Finger bl**u**tet. 5. Deutschland ist in Eur**o**pa.
6. Die Kinder mögen Schwarzbr**o**t. 7. Der Flaming**o** ist schön.
8. Das Fl**u**gzeug landet in Kürze. 9. Hast du eine **U**hr? 10. Wir rufen die P**o**lizei.
11. Wo ist der K**u**gelschreiber? 12. Ich sehe ein Kr**o**kodil. 13. Ich esse gerne Sch**o**kolade.
14. Wir hören Radi**o**. 15. Die Bl**u**men blühen so schön. 16. Es dauert nur noch eine Min**u**te.
17. Ich höre eine besonders h**o**he N**o**te. 18. S**u**per! G**u**t gemacht!

S. 101;102: 1. Wir k**o**chen ein köstliches Gericht. 2. Das Br**o**t hat eine harte Kr**u**ste.
3. Ich habe eine St**u**nde Zeit. 4. Deine Str**u**mpfhose hat ja ein L**o**ch.
5. Semrim hat eine kleine T**o**chter. 6. Der W**u**rm lebt in der feuchten Erde.
7. Das Hemd k**o**stet nur fünf Euro. 8. Ich p**u**tze gerade die Fensterscheibe.
9. Der Bleistift ist mir zu k**u**rz. 10. Endlich ist der St**o**rch wieder da.
11. Sie hat starke Schmerzen in der Sch**u**lter. 12. Ich habe solchen H**u**nger.
13. Er kauft eine lange, grüne G**u**rke. 14. Wer kl**o**pft an die Tür **u**nd stört mich.
15. Mein Herz p**o**cht wie wild. 16. Der Schimpanse haut sich auf die Br**u**st.
17. Werde bald wieder ges**u**nd! 18. Die Kinder warten auf den B**u**s.

Zwischendurch: Wörtersuche zum Thema „Tiere"   103
1. der **Flamingo**, 2. das **Schwein**, 3. das **Eichhörnchen**, 4. der **Frosch**, 5. die **Maus**,
6. die **Schwalbe**, 7. der **Löwe**, 8. der **Elefant**.   Der gesuchte Fluss ist die **Elbe**.

6.2.2   Zur Unterscheidung zwischen gespanntem und ungespanntem „ö" und „ü"   104-107

S. 104;105: 1. Die Sch**ü**ler schreiben ins Heft. 2. Wir brauchen **Ö**l zum Braten.
3. Der Tischler macht schöne, stabile M**ö**bel. 4. Oma und Opa m**ö**gen Zitroneneis.
5. Mein Hund ist ein R**ü**de. 6. Die Kamele laufen durch die W**ü**ste.
7. Die Kr**ö**te quakt laut. 8. Mach bitte die T**ü**r auf! 9. Ich möchte gern Musik h**ö**ren.
10. Ich lade Klingelt**ö**ne für mein Handy herunter. 11. Die Z**ü**ge rasen durch das Land.
12. Du darfst nicht **ü**berholen. 13. Die Pflaumen sind aus **ö**kologischem Anbau.
14. Die Ente br**ü**tet die Eier im Nest aus. 15. Danach hat sie flauschige K**ü**ken.
16. Der K**ö**nig hat eine Krone. 17. Ich mag M**ü**sli. 18. Die K**ü**he grasen auf der Weide.

S. 106;107: Wir m**ö**chten die Natur sch**ü**tzen. 2. Wascht bitte die T**ö**pfe ab.
3. In der Küche trage ich eine Sch**ü**rze. 4. Seine T**ö**chter wurden am 2.2.2004 geboren.
5. Oregano ist ein Gew**ü**rz, das gut duftet. 6. Morgens benutze ich eine B**ü**rste.
7. Mein Kn**ö**chel schmerzt f**ü**rchterlich! 8. In den K**ö**rben sind Gurken, Linsen und Nudeln.
9. Esra ist die perfekte K**ö**chin. 10. Er hat einen starken K**ö**rper.
11. Ich kaufe einen schweren K**ü**rbis. 12. Die Tauben suchen nach K**ö**rnern.
13. Die Pfeile sind im K**ö**cher. 14. Der Sportler springt über die H**ü**rde.
15. Der M**ö**rtel gehört zwischen die Bausteine. 16. Bitte gib mir Z**ü**ndhölzer für die Kerze.
17. Simon hat eine M**ü**tze auf dem Kopf. 18. Beim Metzger gibt es W**ü**rste.

Zur Festigung der Unterscheidungen: Den richtigen Laut ankreuzen 107

1. ʏ, die W**ü**rste   2. o, die Str**u**mpfhose   3. y, die W**ü**ste   4. y, die **Ü**bung   5. ʊ, ges**u**nd
6. ʏ, die H**ü**fte   7. ʏ, der K**ü**rbis,   8. œ, die Beh**ö**rde   9. ø, **ö**kologisch   10. ɔ, die T**o**chter
11. œ, die K**ö**chin   12. ʏ , das Gew**ü**rz

6.2.3 Selbstüberprüfung des Lernerfolgs bei der Unterscheidung „O"/„o", „U"/„u", „Ö"/„ö" und „Ü"/„ü"   108

1. Ich **ü**berhole ein Auto. 2. Die Kinder m**ö**gen Eis. 3. Wir bes**u**chen unsere Familie in Köln.
4. Ich fege den B**o**den. 5. Wir kochen in der K**ü**che Reis mit Gem**ü**se.
6. Meine Tochter mag gern N**u**deln essen. 7. Meine Kinder haben keine Pr**o**bleme in der Schule.
8. Die Frauen gehen **ü**ber die Straße. 9. Ich bin nicht b**ö**se auf dich. 10. Morgens bin ich oft m**ü**de.
11. Ich schreibe mit dem K**u**gelschreiber. 12. Deutschland ist ein Land in Eur**o**pa.
13. Ich muss meine Tochter vom Kindergarten abholen. 14. W**o** ist nur mein Regenschirm???
15. Die Sch**ü**ler gehen zum Unterricht. 16. Ich h**ö**re gern Musik aus dem Radi**o**.
17. Wir brauchen ein neues B**ü**geleisen. 18. Wir warten auf den Z**u**g.
19. Ich hole bei der Bank einen Kont**o**auszug. 20. Ich esse gerne Brot mit T**o**maten.

6.2.4 Zusatzaufgabe: Schomburgs „Was passt zum Bild?"   109

1. Bild: **spülen, Gabel, Schaum** (Moni spült Becher und Gabeln. In der Spüle ist Schaum.)
2. Bild: **reisen, Gleise, Züge** (z. B. Menschen reisen in den Zügen. Die Züge fahren auf Gleisen.)
3. Bild: **lesen, Behörde, Arbeit** (z. B. Der Mann hat eine Arbeit in der Behörde. Er muss den ganzen Tag lesen.)
4. Bild: **Frau, Blumen, graben, Garten** (z. B. Die Frau möchte Blumen im Garten eingraben.)
5. Bild: **Nest, Eier, brüten, Ente** (z. B. Die Ente brütet. Es sind drei Eier im Nest.)
6. Bild: **Hürde, Sport, springen** (z. B. Ich möchte Sport machen. Kann ich auch über diese Hürde springen?)
7. Bild: **König, Krone, Macht** (z. B. Der König hat eine Krone auf dem Kopf und besitzt viel Macht.)
8. Bild: **Mütze, Hemd, Bikini, Bügel, Schal** (z. B. Ich sehe im Schaufenster: eine Mütze, ein Hemd, einen Bikini, einen Bügel und einen Schal.)
9. Bild: **Krankheit, Arzthelferin, Arztpraxis, Spritze** (z. B. Ich habe eine Krankheit und gehe in die Arztpraxis. Dort wartet die Arzthelferin mit einer Spritze.)

6.2.5 Zur Unterscheidung zwischen gespanntem und ungespanntem „e" und „i"   110-112

S. 110;111: 1. Ich kaufe ein K**i**lo Weintrauben. 2. Der **E**sel ist auf der Weide.
3. Morgens l**e**se ich gern Zeitung. 4. Ich esse eine Apfels**i**ne.
5. Die Fledermaus schw**e**bt durch die Lüfte. 6. Markus ist P**i**lot.
7. Heute wird es sicher noch R**e**gen geben. 8. Wir brauchen eine neue Waschmaschine.
9. Ich bin eine M**i**nute zu spät. Entschuldigung! 10. Er wird heute die Gard**i**nen waschen.
11. Leider ist sein Fernseh**e**r defekt. 12. China ist in As**i**en.
13. Im D**e**zember ist es kalt. 14. Das Rad**i**o ist zu laut.
15. Oma und Opa gehen in den Supermarkt. 16. Meine Nachbarin ist Fris**ö**rin.
17. Im K**i**no laufen gute Filme. 18. Gib mir den B**e**sen. Ich werde den Hof f**e**gen.
19. Ich schaue mir die R**e**he an. 20. Der B**i**ber nagt am Baum.
S. 112: 1. Ich besuche meine Schw**e**ster im Krankenhaus. 2. Wer putzt morgen die Küch**e**?
3. Sprecht schön d**eu**tlich! 4. Wir haben fünf K**i**nder.
5. Dauernd klingelt das Telefon! 6. Ist deine Tüte schw**e**r?
7. Er trinkt ein Glas Apf**e**lsaft. 8. Ist die Milch auch wirklich fr**i**sch?
9. Ich kaufe zwei B**i**rnen. 10. Gehe ich nun nach l**i**nks oder nach r**e**chts?
11. Mach dir doch das L**i**cht an. 12. Wir s**i**ngen einen alten Kanon.
13. Ich bin fr**eu**ndlich. 14. An der Gr**e**nze zeigen wir den Ausweis.
15. Die Arztpraxis macht um acht Uhr auf. 16. Im W**i**nter ist es Paul zu kalt.

6.2.6 Wortdiktat zur Einordnung von Vokalen   113

a: Glas, Bart, Bank, stark, Schlaf, krank, Schaf, kalt, Wal, Gras, halt, schwarz, schwach
e: Herz, elf, frech, Heft, rechts, Helm, Fest, schlecht, fest, Pest, Test, gelb
i: Milch, Film, Fisch, Witz, frisch, Tisch, Licht, nicht, Hirsch, Sicht,

155

o: Frosch, Dom, Korn, Post, Tor, Dorf, Brot, Dorn, Wort, Not, Schlot, rot, tot
u: Blut, Wurf, kurz, Schwur, Flucht, Furcht, Duft, Bus, Brust, gut, Durst
ö: schön, Plön, Köln, zwölf, stört, hört, Fön
ü: trüb, stürzt, fünf, Fürst, grün, Tür, für, Kür
au: grau, blau, braun, Braut, Kraut, schlau, Raum, Saum, Zaun, Haus, laut, Frau, Sau, Tau, kaut
ei: drei, Wein, eins, zwei, Eis, leicht, Blei, Brei, kein, Keim, sein, breit, weit, reich, Schein
eu: neu, scheu, deutsch, Kreuz, neun, Heu

| 6.2.7 | Rätsel: Welches Lösungswort wird gesucht? | 114 |

PILZ, **P**REIS, **I**GLU, **M**ÜNCHEN, **K**ARAWANE   Lösungswort: PRIMA

| 6.2.8 | Fehlersuche | 114 |

Richtig geschrieben sind: schlank, Stau, tauchen, Zebrastreifen, Gürtel

| | Zusatzaufgabe: Rezept für eine Quarkspeise | 115 |

Quarkspeise **für** 4 Personen
Für den köstlichen Nachtisch brauchen Sie:
500 g Quark, 30 g Honig, den Saft einer Zitrone, etwas Milch, 150 g frische Früchte, zum Beispiel:
Bananen oder: Pfirsiche.

Lektion 7   Erstellen und Erlesen verschiedener Textarten

| 7.1.1 | Diktat zum Thema „Körper und Gesundheit" | 117 |

Im Krankenhaus
Mein Bruder hat Schmerzen im Bauch. Er weint. Unsere Eltern sind nicht zu Hause.
Ich rufe den Krankenwagen. Was hat er nur? Der Arzt fragt nach den Schmerzen.
Er untersucht meinen Bruder. Auf einmal lachen beide los. Der Arzt sagt: „Das
war nur der Pflaumenkuchen!"

| | Zur Entspannung: Silbenweben zum Thema „Körper und Gesundheit" | 118 |

1. der **O ber schen kel,** 2. der **Mus kel ka ter,** 3. die **Ma gen schmer zen**
4. die **Au gen brau e,** 5. der **Zei ge fin ger**

| 7.1.2 | Ein Gedicht zum Thema „Körper und Gesundheit" reimen | 119 |

Reimpaare (*links*): Darm-warm, Hand-Verband, husten-auspusten, Lunge-Zunge, Magen-fragen (*rechts*): Rauch-Bauch, Spritze-Spitze, wund-Mund, Zehen-aussehen, Frau Port-Sport
Gedicht: Es schmerzt der Darm. Die Stirn ist warm.
    Der Hals ist wund und schal der Mund.
    Ist es der Rauch? Der zu feiste Bauch?
    Sind es die Zehen, die so rot aussehen?
    Oder ist es der Magen? Den Arzt werd ich fragen!
    Er untersucht meine Lunge, beschaut meine Zunge.
    Doch was ist mit der Hand? Brauch ich einen Verband?
    Greift er nach der Spritze? Ich spür schon ihre Spitze...
    Nein, er lässt mich husten und eine Kerze auspusten.
    Nun sagt er: „Frau Port, machen Sie Sport!"

| 7.1.3 | Fiktiver Stadtplan als Lese- und Schreibanlass | 120-126 |

a) Schriftliche Auskünfte aus Satzbausteinen erstellen   121-122
1. Auskunft: 1) in der Bahnhofstraße
       2) nach rechts in den Pilgerweg
       1) eine Kreuzung
       2) nach links in die Ringstraße
       1) nach rechts in die Bergstraße
2. Auskunft: 1) links in die Prinzenstraße
       2) überqueren sie die Prinzenstraße und den Marktplatz
3. Auskunft: 1) bis zum Meisenweg
       2) am Eingang der Kirche angelangt

4. Auskunft: 2) Gehen Sie „An der Alba" entlang bis zur Brücke
            1) in die Königstraße
5. Auskunft: 1) zwischen Gasthof und Oper hindurch
            1) bis zum Meisenweg

b) Ausdrücke selbst formulieren 123
Vorschläge
1. Hallo, überqueren Sie die Kirchstraße und gehen Sie in die Bergstraße hinein. Gehen Sie bis zum Kastanienweg und biegen Sie links ein. Nach wenigen Metern kommt der Eingang des Sportplatzes.
2. Guten Tag, gehen Sie links herum in die Prinzenstraße. Dann überqueren Sie den Marktplatz und Sehen schon das Café am Markt.
3. Gehen Sie rechts in die Kirchstraße. Biegen Sie in die Ringstraße ein. Auf der rechten Seite sehen sie die Kirche. Überqueren Sie den Meisenweg und biegen Sie links in den Spechtweg ein. Dort ist der Eingang des Kinos.
4. Das ist ein langer Weg. Deshalb schlage ich eine Abkürzung vor: Überqueren Sie die Prinzenstraße, dann überqueren Sie Richtung Süden den Marktplatz und kommen zur Hauptstraße. Steigen Sie über den Zaun und die Büsche und gehen Sie zwischen Kirche und dem Haus der Kulturen hindurch in die Kirchstraße. Gehen Sie wieder Richtung Süden in die Bergstraße, dann links in den Amselweg. Dort ist das Modehaus Eleganz.

c) Empfehlungen für die Besucher 124-125
Vorschläge ohne Beispiele:
3. Der Bürgermeister arbeitet im Rathaus. Es befindet sich im Pilgerweg.
4. Sie können in der Kirche beten. Die Kirche finden Sie in der Kirchstraße.
5. Modische Kleidung können Sie im Modehaus Eleganz kaufen. Das finden Sie im Amselweg.
6. Gehen Sie einfach zum Tierheim der Stadt Prinzberg. Es ist in der Ringstraße.
7. Dann schlage ich vor zum Haus der Kulturen zu gehen. Es ist neben dem Supermarkt in der Kirchstraße.
8. Gehen Sie zum Taxistand. Er befindet sich im Fürstenweg.
9. Sie können zum Frisör gehen. Dazu gehen Sie in den Fürstenweg an der linken Uferseite der Alba.
10. Um Musik zu hören, gehen Sie am besten in die Oper. Sie ist im Blumenweg.
11. Sie können das Museum von Prinzberg besuchen. Es befindet sich in der Museumsstraße.
12. Dazu gehen Sie in den Supermarkt in der Kirchstraße.
13. Übernachten können Sie im Hotel „Zur Erholung". Dazu gehen Sie in den Blumenweg.
14. Der Bioladen „Die Rübe" hat Obst und Gemüse aus ökologischem Landbau. Er ist in der Prinzenstraße.
15. Gutes Essen gibt es im Gasthof „Zur Erholung" im Blumenweg.

d) Zusatzaufgabe: Einwohner und Besucher schreiben ins virtuelle Stadtbuch 126
Vorschläge:
3. Uns fehlt eine Schule, die Kinder müssen immer in den Nachbarort radeln.
4. Für Erwachsene, die sich bilden wollen, braucht Prinzberg eine Volkshochschule.
5. Wir wünschen uns ein Theater.
6. Wir als Besucher haben gesehen, dass es in Prinzberg noch keine Moschee gibt.
7. Wir brauchen dringend ein Arbeitsamt.
8. Ich arbeite als Verkäuferin im Modehaus. Meine alte, kranke Mutter sehe ich selten, weil sie im Altenheim in Oberberg lebt. Wenn wir in Prinzberg ein Altenheim hätten, könnte ich sie jeden Tag besuchen.
9. Hallo, was Prinzberg fehlt, ist eine Fabrik. Die bringt uns Arbeit und Geld. Dem Museum gegenüber ist noch Platz.
10. Wir brauchen eine Bücherei. In Prinzberg wird nicht genug für die Bildung getan!
11. Als ich in Prinzberg war, musste ich vom Bahnhof aus alles zu Fuß oder mit dem Taxi besichtigen. Ein Busbahnhof mit drei Buslinien wäre schön.

Zur Entspannung: Silbenweben zum Thema „zu Hause: Elektrogeräte" 127
1. die **Spül ma schi ne**, 2. der **E lek tro herd**, 3. die **Ta schen lam pe**
4. das **Bü gel ei sen**, 5. die **Wasch ma schi ne**

Zusatzaufgabe für die Schnellen: Reimsuche zum Thema „zu Hause" 127
Vorschläge: Bürste - Würste, Ruder - Bruder, Dose - Hose, Hupe - Lupe, Kamin - Medizin o. Benzin

7.1.4 Diktat zum Thema „zu Hause und Familie" 128;129

Der Geburtstag

Ich bin heute eingeladen. Meine Schwester hat Geburtstag. Sie wird 17. Sie hat einen Kuchen gemacht und Brause gekauft. Um drei Uhr stehe ich an der Tür. Aber wo ist nur mein Geschenk? Am Haus sehe ich Blumen. Ich grabe sie aus. Meine Schwester macht die Tür auf. Mir ist es etwas peinlich. Aber sie lacht über die Blumen. Wir feiern Geburtstag und lachen gemeinsam.

7.2.1 Fiktives Familienportrait 130-132

c) *Wer ist aus Pauls Sicht welches Mitglied der Familie Krüger.* 131
(v. *links nach rechts u. v. oben nach unten:*) die Großeltern: Oma Krüger, Opa; Tante (Beate); Onkel (Felix) /Kusine / Schwester / Bruder, Mutter (Agnes), *Paul Krüger*, Vater (Jan) / Eltern, Geschwister

d) Fragen zum Text 132
1. Es ist Paul Krüger und er ist zwölf Jahre alt. 2. Nein, er hat zwei Geschwister.
3. Er sagt das, weil seine Tante schwanger ist. 4. Sie schreibt Bücher über Computer.
5. Sie haben Pferde, Schafe und Kühe. 6. Jan Krüger arbeitet als Tischler.
7. Onkel Felix arbeitet als Bademeister.
8. Pauls kleiner Bruder ist (noch) der Jüngste. Er geht noch in den Kindergarten.
9. Oma und Opa helfen beim Melken und bei der Ernte auf dem Bauernhof.
10. Pauls große Schwester möchte gern Pilotin werden. 11. Die Mutter von Paul heißt Agnes.
12. Agnes Krüger arbeitet in einer Bank. 13. Sie leben bei Pauls Tante und Onkel im Dorf nebenan.
14. Sie leben auf einem Bauernhof.

7.2.2 Einsetzen von erlesenen Textbausteinen in fiktive Bewerbung 134-136
Vorschlag: Bewerbungsschreiben
Furkan Fathi
Seitenweg 9, 33555 Prinzberg

An die Baufirma Hinz
Rote Straße 113
22087 Hamburg

02.11.2007

Sehr geehrte Damen und Herren,

heute habe ich die Anzeige der Baufirma Hinz in der Zeitung gelesen. Die Person, die Sie suchen, bin ich. Ich möchte unbedingt als Maurer arbeiten. Der Umgang mit Steinen und Mörtel macht mir Freude. Ich bin in der Lage, besonders solide zu mauern und ein ganzes Haus zu bauen.
Zudem spreche ich Türkisch, Arabisch und Deutsch.
Über eine Zusage würde ich mich wirklich freuen.
Mit freundlichen Grüßen
F. Fathi

Vorschlag Antwort:
Baufirma Hinz
Rote Straße 113
22087 Hamburg

An Herrn
Furkan Fathi
Seitenweg 9
33555 Prinzberg

20.11.2007

Sehr geehrter Herr Fathi,
haben Sie Dank für Ihre Bewerbung. Wir freuen uns über Ihr Schreiben und möchten Sie gern zu einem Bewerbungsgespräch einladen: am 14.12.2007 um 10:00 Uhr in der Rote Straße 113. Jemanden mit Ihren Fertigkeiten brauchen wir.
Mit freundlichen Grüßen
Emil Hinz

7.2.3 Kurzgeschichte zum Thema „Körper und Gesundheit" 137;138
Antworten auf die Textfragen inklusive Beispiel
1. Du hast Schmerzen im Bauch. 2. Du rufst bei der Arbeit an. 3. Nach dem Anruf machst du dich auf den Weg zum Arzt / gehst du zum Arzt. 4. Die Arztpraxis macht um acht Uhr auf. 5. Du musst eine halbe Stunde warten. 6. Ja, du hast Angst vor der Spritze. Der Arzt nimmt dir mit der Spritze Blut ab. 7. Der Arzt horcht deine Lunge und dein Herz ab. 8. Am nächsten Tag sind die Bauchschmerzen vergangen / wie weggeblasen / fort. / Am nächsten Tag hast du keine Bauchschmerzen mehr. 9. Die Frau von der Arztpraxis / die Arzthelferin ruft dich an. 10. Sie sagt, „Keine Sorge. Sie sind gesund."

Zur Entspannung: Silbenweben zum Thema „Essen und Trinken" 139
1. das **Ba si li kum**, 2. die **Ap fel schor le**, 3. der **Nu del sa lat**
4. der **Pflau men ku chen**, 5. die **Ge la ti ne**

B wie Basilikum, Birne, Brot, Baldrian, Blaubeeren, Banane, Bohnen, Brokkoli, Brei, Bier
A wie Apfelschorle, Apfel, Aprikose, Ananas, Artischocken, Avocado, Amaretto, Amerikaner
N wie Nudelsalat, Nudeln, Nüsse, Nougat, Naturreis, Naanbrot
Pf wie Pflaumenkuchen, Pflaumen, Pfirsich, Pfifferlinge, Pfannkuchen, Pfeffer
G wie Gelatine, Gurke, Geflügel, Gewürz, Granatapfel, Gemüse, Grünkohl, Gratin

7.2.4 Lektüre eines fiktiven Fernsehprogramms 140-141
b) Redakteure Der Zeitschrift „Schau rein!" beraten ihre Leser
Vorschläge ohne Beispiel:
2. Hallo Sandy! Sehen Sie sich morgen **Folge 512: Die Scheidung** an. Sie wissen ja, „Ramona-Eine Frau sucht den Weg" gibt es um 20.15 Uhr auf D.R.E.I! Morgen erfahren Sie mehr über Ramona und Ferdinand!

3. Hallo Sascha, für Menschen, die Mode mögen, gibt es „Modisch und fein". Die Sendung mit Marlis Bügel ist morgen um 15.00 Uhr auf Super 2 zu sehen. Freuen Sie sich auf die neuste Mode aus Paris!

4. Sehr geehrte Eheleute Huber, für sportliche Senioren gibt es auf Super 2 jeden Freitag ab 14.00 Uhr „Fit ab 50". Morgen wird dort Seilspringen angeboten. Viel Spaß wünscht die Redaktion

5. Hi Erkan und Mavi! Die besten Informationen über Politik und Kultur in Deutschland findet Ihr im „Bericht aus Deutschland", auf 1 plus, um 19.30 Uhr. Gute Nachrichten gibt es aber auch auf D.R.E.I! um 19.45 Uhr. Dort wird über Ereignisse aus der ganzen Welt berichtet. Etwas zu kurz und ungenau sind dagegen die Nachrichten um 20.00 Uhr auf Super 2: „Neues".

6. Hallo Susi! Sie möchten Möbel bauen? Versuchen Sie es mit der Sendung „Nagel, Dübel und Co". Das Heimwerkermagazin gibt es morgen um 15.00 Uhr auf 1 plus. Viel Erfolg!

7. Hallo Jens! Wir raten Ihnen, sich die zweistündige Sprechstunde auf D.R.E.I! anzusehen. Sie heißt „Dr. Winter" und beginnt um 15.00 Uhr. Morgen geht es ausgerechnet um Schüchternheit.

8. Hallo, junge Frau! Bei Schlaflosigkeit wegen unerfreulicher Probleme mit dem Computer hilft nur „PC o.k." Um 22.00 Uhr zeigt die Expertin Sabrina Brille auf 1 plus einfache Lösungen für jeden.

Abschlusstest

1. der Hase
2. der Löwe
3. die Beule
4. die Spüle

5. die Laube
6. die Scheibe
7. die Weiche
8. die Stube

9. die Banane
10. das Gemüse
11. die Schokolade
12. die Tapete

13. der Papagei
14. der Kakadu
15. die Rakete
16. das Mikado

17. der Nagel
18. der Besen
19. der Mixer

20. der Kater
21. der Pudel
22. der Laden

23. die Lampe
24. der Junge

25. die Hantel
26. die Katze

27. der Frosch
28. die Klinke
29. der Schlauch

30. der Kragen
31. die Schnur
32. die Schleife

33. die Schwangerschaft
34. die Weintraube
35. die Tragetasche
36. die Quarkspeise

37. der Schulranzen
38. der Flaschenhals
39. der Freundeskreis
40. der Möbeltransporter

Index

Im Index sind alle Wörter alphabetisch aufgelistet, die in den Lektionen vorkommen. Links steht jeweils das Wort, rechts die Seite, auf der das Wort im Buch auftaucht. In der Regel stehen Substantive im Singular, dahinter ist der bestimmte Artikel angegeben. Wenn ein Wort aber vor allem im Plural vorkommt, dann finden Sie erst die Pluralform, gekennzeichnet durch (Pl.), und dahinter, falls es auch im Singular existiert, die Singularform mit Artikel. Bei Verben steht stets der Infinitiv und dahinter meist die erste Person Singular, Präsens, aktiv. Bei Adjektiven lesen Sie zuerst die undeklinierte Form, die auch als Adverb benutzt werden kann, danach die Deklinationsformen im Singular. Wörter ohne Seitenangabe tauchen zu häufig auf, um jede Seite zu nennen.

Wörter, die in den Lektionen vorkommen, Seite

A / a, Ä / ä

- ab 141
- aber 122
- abgeben, ich gebe etwas ab, 137
- abholen, ich hole jemanden ab, 109
- abhorchen, ich horche etwas ab, 137
- Abkürzung, die 122
- Absage, die 134
- Absender, der 136
- abtasten, ich taste etwas ab, 137
- abwaschen, ich wasche etwas ab, 87,106
- acht 80, 112, 137
- Achtung, die 94
- Adam, (der) 11, 13, 15, 88
- adlig, der/die/das adlige..., ein adliger, eine adlige, ein adliges 88
- Afrika, (das) 67, 66, 88
- alle, alles (99), 62, 130, 137
- als (121), 130,132, 134, 140, 141
- also 137
- alt, der/die/das alte..., ein alter, eine alte, ein altes 130, 132
- Altertum, das 70
- Ameise, die 70
- Amerika, (das) 86
- an 89, 94, 102, 112, 121, 122, 134, 137
- Ananas, die 33, 62
- Anbau, der 105, 125
- anders, der/die/das andere..., ein anderer, eine andere, ein anderes 69, 124, 87
- Anfang, der 31
- anfangen, ich fange an, 115
- angelangt sein, ich bin angelangt, 122
- Angreifer, der 69
- Angst, die
- Anruf, der 138 (als Lösungsvorschlag)
- anrufen, ich rufe jemanden an, 137, 141
- anschalten, ich schalte etwas an, 88
- Antwort, die 65, 80, 136, 140
- Anzeige, die 134
- Äpfel (Pl.), der Apfel 11, 79
- Apfelsaft, der 112
- Apfelschorle, die 139
- Apfelsine, die 110, 142
- Apotheke, die 18
- arabisch, der/die/das arabische..., ein arabischer, eine arabische, ein arabisches 135
- Arbeit, die 95, 109, 137
- arbeiten, ich arbeite, 130, 132, 134
- ärgerlich, der/die/das ärgerliche..., ein ärgerlicher, eine ärgerliche, ein ärgerliches 67, 129
- Arm, der 25, 42, 70
- arm, der/die/das arme..., ein armer, eine arme, ein armes 89
- Arzt, der 74, 119, 137, 88
- Arzthelferin, die 109
- Arztpraxis, die 109, 137
- Asien, (das) 111
- auch 55, 69, 112
- auf 41, 42, 55, 66, 69, 74, 76, 77, 81, 89, 93...
- Aufenthalt, der 122
- aufgeben, ich gebe auf, 140, 141
- aufmachen, ich mache etwas auf, 50, 91, 105, 137,
- Aufregung, die 137
- aufrufen, ich rufe jemanden auf,
- aufwachen, ich wache auf, 137
- Auge, das 11, 15, 76, 25, 26
- Augenbraue, die 50, 118
- aus 89, 93, 94, 105, 108, (121), 122, 125, 131
- Ausgang, der 122
- Ausgleich, der 69
- Auskunft, die 122
- ausrutschen, ich rutsche aus, 69
- auspusten, ich puste etwas aus, 85, 88, 89, 119
- ausschneiden, ich schneide etwas aus,
- aussehen, ich sehe aus, 119
- Äußerung, die 11
- ausüben, ich übe etwas aus, 132
- Ausweis, der 112
- Auto, das 40, 70, 74, 80, 84, 89, 95, 108, 135, 28

161

B / b
- Baby, das 130
- Bad, das 135 (Mindmap 48/148)
- Badeanzug, der 51, 89, 71, 109
- Bademeister, der 130
- Bahnhof, der 120, 121, 122
- Bahnhofstraße, die 121
- bald 102
- Ball, der 69
- Banane, die 33, 34, 40, 42, 44, 62, 79, 110 , 115
- Bank, die 89, 95, 108, 130
- Basilikum, das 139
- Bauch, der 12, 13, 15, 29, 44, 83, 85, 117/156, 119, 130
- Bauchnabel, der 86
- Bauchschmerzen (Pl.), die 137
- bauen, ich baue, 135, 140, 141
- Bauer, der 85, 95, 135
- Bauernhof, der 130, 132
- Baufirma, die 135, 94
- Baum, der 77, 82, 95, 11
- Baustein, der 106
- Beamte, der 89
- Becher, der 41, 39, 109
- befinden, ich befinde mich, 69
- begeistert 69
- Behörde, die (99), 104, 107, 109
- bei 73, 108, 130, 137, 140, 141, 145
- beide 117/156
- Bein, das
- Beine (Pl.), das Bein 26, 29, 42
- benutzen, ich benutze, 106
- Benzin, das 80, 135, 88
- beraten, ich berate, 140
- Berg, der 141, 94
- Bericht, der 141
- berichten, ich berichte, 141
- Beruf, der 132
- beschauen, ich beschaue, 119
- beschreiben, ich beschreibe, 121, 132
- Besen, der 39, 42, 44, 85, 88, 135,
- besitzen, ich besitze, 77, 88, 91
- besonders 71, 101, 135, 140
- best(e, er, es, en) (von gut), der/die/das beste...159
- bestellen, ich bestelle, 86
- besuchen, ich besuche, 80, 112, 124
- beten, ich bete, 124
- Betrüger, der 140, 141
- Beule, die 25, 26, 42, 61, 143
- Beute, die 29
- bewachen, ich bewache, 69
- Bewerbung, die 65, 94, 134
- Bewerbungsgespräch, das (Lösungsvorschlag 158)
- Bewerbungsschreiben, das 134
- bezaubernd, der/die/das bezaubernde..., ein bezaubernder, eine bezaubernde, ein bezauberndes 77
- Biber, der 31, 39, 44, 110 (Wortdiktat 97/153)
- Bikini, der 109
- Bilder (Pl.), das Bild 47, 85, 141, 143 (Wortdiktat 97/153)
- Bioladen, der 123 (Vorschlag für 7.1.3 c 157)
- Birne, die 49, 112, 139,
- bis 69, 121, 122
- Bison, der 86
- bitte 74, 85, 87, 88, 95, 105, 106, 107
- Blase, die 50, 60 (Wortdiktat 97/153)137, 153
- blau, der/die/das blaue..., ein blauer, eine blaue, ein blaues 74, 76, 80 (Wortdiktat 113/155)
- bleiben, ich bleibe, 140
- Bleistift, der 47, 64, 102
- Blitz, der 45, 60
- blühen, ich blühe 52, 54, 66, 101
- Blumen (Pl.), die Blume 54, 66, 83, 109
- Blut, das 50, 59 (Wortdiktat 113/155)
- bluten, ich blute, 66, 67, 100
- Blutprobe, die 137
- Boden, der 86, 135
- böse, der/die/das böse..., ein böser, eine böse, ein böses 108, 141
- braten, ich brate, 52, 66, 67, 85, 104
- brauchen, ich brauche, 80, 86, 88, 91, 92, 95, 104, 108, 11, 115, 119, 125, 126
- Braue, die 50, 78
- Brauerei, die 57, 63
- Brause, die 49, 128/157
- Braut, die 58, 63, 95 (Wortdiktat 113/155)
- brechen, ich breche, 54
- breit 53, 55, 60 (Wortdiktat 113/155)
- Brezel, die 49, 62, 72
- bringen, ich bringe, 87 (Vorschlag 7.1.3d 126/157)
- Brot, das 62, 101, 108 (Wortdiktat 97/153)
- Brötchen, das 49, 59, 63, 83, 90
- Brotkrümel, der 49, 51
- Brücke, die 122
- Brüder (Pl.), der Bruder (Mindmap 48/148) 47, 74, 94, 130 (Reimvorschlag 127/157)
- Brust, die 50, 78, 102
- brüten, ich brüte etwas aus, 105, 109
- Buch, das 42, 80, 82
- Buche 83, 100
- Buchstabe, der (Überschrift 61/66), 71
- Bügel, der 109
- Bügeleisen, das 37 (Mindmap 48/148), 108, 127,

135
- Bürgermeister, der (Vorschlag für 7.1.3.c 124/125), 124
- Bürste, die 106, 127
- Bus, der 94, 100 (Wortdiktat 113/155)
- Büsche (Pl.), der Busch 122 (Vorschlag für 123/156)

C / c
- Café, das 123, 124
- China, (das) 12, 15, 80, 81, 86, 95, 111
- Christ, der 124
- Cola, die 23, 24, 26, 35, 40, 62, 77
- Computer, der 12, 13, 15 (Schreibanlass 43/148 u. Mindmap 48/148), 96, 130, 140, 141
- Computermagazin, das 141

D / d
- da 79, 89, 94, 102, 137
- Dach, das 12, 13, 15, 81, 91 (Wortdiktat 97/153)
- Dame, die 27, 110, 134
- damit 74
- danach 105, 121, 122
- Dank, der 136
- dann (Vorschlag 7.1.3 b 123/156; 7.1.3 c 124/157)
- darauf 121
- Darm, der 119, 137
- das
- Datum, das 71, 134
- dauern, etwas dauert, 101
- dauernd 112
- dazu 140 (Vorschlag 1.7.3 c 125/157)
- defekt, der/die/das defekte..., ein defekter, eine defekte, ein defektes 86, 111
- dein, deine 71, 77, 86, 101, 112
- Delfin, der 91, 94
- der
- deshalb 122 (Vorschlag 7.1.3 b 123/156)
- Detektiv, der 141
- deutlich, der/die/das deutliche..., ein deutlicher, eine deutliche, ein deutliches 74, 112, 116
- deutsch, der/die/das deutsche..., ein deutscher, eine deutsche, ein deutsches 74, 135 (Wortdiktat 113/155)
- Deutschland, (das) 86, 94, 95, 100, 108, 141
- Dezember, der 88, 111
- dich 74, 81, 108
- die
- dieser, diese, dieses 89, 121
- dir 71, 74, 79, 112
- direkt, der/die/das direkte..., ein direkter, eine direkte, ein direktes 69, 122
- Disko, die 92, 95

- doch 112, 119, 137
- Docht, der 81
- Dorf, das 130, 141 (Wortdiktat 97/153 u. 113/155)
- dort 81, 95, 121
- dorthin 121, 122
- Dose, die 23, 24, 32, 91 (Mindmap 48/148; Wortdiktat 97/153)
- Dr. = Doktor, der oder Doktorin, die 141
- Drache, der 92
- drei 77 (Wortdiktat 113/155)
- dringend, der/die/das dringende..., ein dringender, eine dringende, ein dringendes 126
- Dromedar, das 92
- du 71, 77, 80, 81, 82, 88, 91, 92, 93, 95, 101, 105
- Dübel, der 141 (Wortdiktat 97/153)
- duften, etwas duftet, 106
- Dunkel, das 82
- dunkel, der/die/das dunkle..., ein dunkler, eine dunkle, ein dunkles 82
- durch 83, 95, 105, 111
- dürfen, ich darf, 105
- Dusche, die 21, 22, 26, 32, 42, 70, 81
- Düse, die 36

E / e
- Ecke, die 122
- Ehe, die 27, 110
- Ei, das 23, 24, 29, 34, 41
- Eiche, die 29, 83, 86
- Eichel, die 83
- Eichhörnchen, das 46, 51, 82, 103
- Eimer, der 39, 42, 44, 64 (Mindmap 48/148)
- ein, eine, ein 31, 34, 40, 41, 42, 119, 122 etc.
- einbiegen, ich biege in ... ein, 121, 122 (Vorschlag 7.1.3 b 123/156)
- Eingang, der 121, 122 (Vorschlag 7.1.3b 123/156)
- eingeladen sein, ich bin eingeladen, 128/157
- einige 66, 67, 121, 122
- einkaufen, ich kaufe ein, 125
- Einkaufskorb, der 62, 90
- Einkaufstüte, die 66, 67
- Einkaufswagen, der 65, 98
- einladen, ich lade jemanden ein (Vorschlag 7.2.2 Antwort 136/158)
- einmal (Überschrift 69), 71, 117/156, 137
- Eis, das 11, 15, 29, 34, 108 (Wortdiktat 113/155)
- eiskalt, der/die/das eiskalte..., ein eiskalter, eine eiskalte, ein eiskaltes 79
- Elefant, der 11, 13, 15, 103
- Eleganz, die 123, 126 (Vorschlag 7.1.3 b 123/156 und c 124/157)
- Elektrogeräte (Pl.), das -gerät (Mindmap 48/148)
- Elektroherd, der 127

- elf 80 (Wortdiktat 113/ 155)
- Eltern (Pl.), die 47, 117/156, 130, 131, 132
- Ende, das 31
- endlich 82
- eng, der/die/das enge..., ein enger, eine enge, ein enges 89
- Engel, der 77
- englisch, der/die/das englische..., ein englischer, eine englische, ein englisches 135
- Enkel, der 77
- Ente, die 105, 109
- entlang 121, 122
- entschuldigen, ich entschuldige mich, 137
- Entschuldigung, die 111
- er 49, 55, 69, 76, 83, 86, 119, 132, 137, 141 etc.
- Erbse, die 49
- Erde, die 77, 102
- Ergebnis, das 137
- Erholung, die 122 (Vorschlag 7.1.3 c 125/157)
- erleichtert sein, ich bin erleichtert, 137
- Ernte, die 130 (Vorschlag 7.2.1.d 132/158)
- ernten, ich ernte,
- erst, erste, erstes (Überschrift 11, 34) 126, 130
- es 80, 82, 83, 88, 92, 94, 101, 107, 111, 119, 124
- Esel, der 89, 110
- essen, ich esse (Überschrift 23, 33, 49, 139) 34, 40, 42, 43, 79, 124
- etwa 94
- etwas 79, 115, 124, 125, 128/157
- euch 130
- Eule, die 20, 29 (Schreibanlass 43/148)
- Euro, der 11, 15, 21, 22, 29, 102, 141
- Europa, (das) 57, 58, 85, 100, 108
- extralang, der/die/das extralange..., ein extralanger, eine extralange, ein extralanges 141

F / f
- Faden, der 41, 39 (Mindmap 48/148)
- Falten, die Falte 61, 72
- Familie, die 77, 108, 130, 131, 132, 133 (Überschrift 128)
- fangen, ich fange, 69
- Farbe, die 135
- fast 85, 130
- Feder, die (Wortdiktat 97/153
- fegen, ich fege, 84, 85, 88, 108, 111
- Fehler, der 67, 129
- Feier, die 109
- feiern, ich feiere, 128/157
- Feige, die 23, 24, 28, 62, 76 (Schreibanlass 43/148)
- Feile, die 27, 135 (Schreibanlass 43/148)
- fein, der/die/das feine..., ein feiner, eine feine, ein feines 141

- feist, der/die/das feiste..., ein feister, eine feiste, ein feistes 119 (Vorschlag Gegensatz 53/149, Wortdiktat 97/153)
- Feld, das 69
- Fenster, das 64, 84, 93
- Fensterbank, die 47
- Fensterscheibe, die 102
- Ferkel, das 77
- fern, der/die/das ferne..., ein ferner, eine ferne, ein fernes (Wortdiktat 113/155)
- Fernsehen, das 71
- Fernseher, der 37, 38, 51, 88, 109, 111 (Schreibanlass 43/148, Mindmap 48/148)
- Fernsehzeitschrift, die 141
- Fertigkeit, die (Vorschlag 7.2.2 Antwort 136/158)
- festhalten, ich halte etwas fest, 92
- feucht, der/die/das feuchte..., ein feuchter, eine feuchte, ein feuchtes 102
- Feuer, das 77, 79
- fiktiv, der/die/das fiktive..., ein fiktiver, eine fiktive, ein fiktives (Überschrift 121, 130, 134, 140)
- Film, der 111, 124 (Wortdiktat 113/155)
- finden, ich finde, 82, 124, 126
- Finger, der 66, 67, 76, 100, 110 (Wortdiktat 97/153)
- Fingernagel, der 50, 61, 63, 77, 78
- Firma, die 82, 135
- Fisch, der 12, 13, 15, 41, 81, 93, 110,
- Fische (Pl.), der Fisch 20, 26, 35 (Schreibanlass 43/148)
- fit sein, ich bin fit, 141
- Fladenbrot, das 49, 60
- Flamingo, der 46, 59, 61, 66, 67, 76, 101, 103, 141
- Flasche, die 47, 90, 91, 109 (Wortdiktat 97/153)
- flauschig, der/die/das flauschige..., ein flauschiger, eine flauschige, ein flauschiges 105
- Fledermaus, die 46, 59, 94, 111
- Fleischabteilung, die 98
- Flöhe (Pl.), der Floh 46, 54, 66, 67, 74
- Flöte, die 47, 61, 104, 109 (Mindmap 48/148)
- Flügel, der 77
- Flugzeug, das 61, 101
- Flur, der 47 (Mindmap 48/148)
- Fluss, der 103, 121
- Folge, die 140, 141 (Vorschlag 7.2.4 b 140/159)
- folgen, ich folge, 122
- Fön, der 104 (Wortdiktat 113/155)
- Foto, das 27, 100
- Fotomodel, das 141
- fragen, ich frage, 52, 54, 94, 95, 117/156, 119, 137
- Frankreich, (das) 63, 94, 95
- französisch, der/die/das französische..., ein französischer, eine französische, ein französisches 89, 135

- Frau, die   50, 57, 82, 88, 108, 109, 119, 140, 141
- frei, der/die/das freie..., ein freier, eine freie, ein freies   122
- Freitag, (der)   93, 95 (Vorschlag 7.2.4 b 140/159)
- Freude, die   134
- freuen, ich freue mich, 81, 95, 134 (Vorschlag 7.2.4 b 140/159)
- Freunde, die   58, 95
- freundlich, der/die/das freundliche..., ein freundlicher, eine freundliche, ein freundliches 116, 124, 134, 137, 112 (Wortdiktat 97/153)
- frisch, der/die/das frische..., ein frischer, eine frische, ein frisches   89, 91, 115, 116 (Wortdiktat 97/153)
- Frisör, der   63, 93, 95 (Vorschlag 7.1.3 c 124/157)
- Frisörin, die   111
- Frisur, die   125
- Frosch, der 46, 144 (Wortdiktat 97/153 u. 113/155)
- Früchte (Pl.), die Frucht 83, 115
- fünf   77, 98, 102, 104, 112, 113, 132
- für   69, 71, 105, 107, 115, 118, 124, 126, 137
- fürchterlich, der/die/das fürchterliche..., ein fürchterlicher, eine fürchterliche, ein fürchterliches 106
- Fuß, der   12, 42 (Vorschlag 7.1.3 d 126/157 und Schreibanlass 43/148)

G / g
- Gabel, die 39, 42, 76, 92, 109, 115 (Mindmap 48/148)
- Gans, die 12, 13, 15, 76 (Schreibanlass 43/148)
- ganz, der/die/das ganze..., ein ganzer, eine ganze, ein ganzes   81, 82, 109 (Überschrift 26)
- Gardine, die   91, 110
- Garten, der   37, 38, 77, 100, 109
- Gast, der   141
- Gasthof, der 122, 126
- geben, ich gebe, 49, 69, 76, 107, 111, 115, 124, 137, 140, 141
- geboren sein / werden, ich bin / wurde geboren 71, 106
- Geburtstag, der 96, 109, 128/157, 142
- Gedicht, das   119
- geehrt, der/die/das geehrte..., ein geehrter, eine geehrte, ein geehrtes 134, 140 (Vorschlag für Antwort 136/158)
- gegen 69 (Wortdiktat 97/153)
- Gegner, der   69
- gegnerisch, der/die/das gegnerische..., ein gegnerischer, eine gegnerische, ein gegnerisches 69
- gehen, ich gehe, 42, 74, 82, 88, 95, 108, 112, 121, 122, 124, 125, 137
- Gehölz, das 104
- gehören, etwas gehört,   106, 132

- Geige, die   28, 36, 109 (Mindmap 48/148)
- gelangen, ich gelange, 121
- Gelatine, die 33, 93 (Schreibanlass 43/148)
- gelb, der/die/das gelbe..., ein gelber, eine gelbe, ein gelbes   69, 86 (Wortdiktat 113/155)
- Geld, das 110 (Schreibanlass 71/150 u. Vorschlag 1.7.3 d 126/157)
- gemeinsam 74, 92, 128/157
- Gemüse, das 33, 35, 40, 88, 108, 125 (Schreibanlass 43/148)
- gerade 102
- Gericht, das   101, 135
- gern/gerne   71, 74, 80, 88, 89, 91, 92, 93, 105, 108, 110, 128/157, 130, 142
- Geschenk, das   128/157, 142
- Geschichte, die   75, 92, 125
- Geschwister (Pl.), die 130, 131 (Vorschlag für Antwort 132/157 u. Mindmap 48/148)
- Gesicht, das   95
- gestern   83
- gesund, der/die/das gesunde..., ein gesunder, eine gesunde, ein gesundes 53, 55, 102, 107, 116, 137 (Vorschlag für Antwort 138/158)
- gewinnen, ich gewinne, 141
- Gewürz, das   106, 107 (Vorschlag für 139)
- Glas, das   90, 109
- Gläschen, das   73
- gleich   80
- Gleis, das   109
- glitzern, ich glitzere, 66, 67
- graben, ich grabe, 52, 59, 77, 95, 109, 128/157 (Wortdiktat 97/153)
- Gramm, das   18
- Gras, das 92, 105 (Wortdiktat 97/153 u. 113/155)
- grasen, ein Tier grast, 105
- Grenze, die   89, 112
- groß, der/die/das große..., ein großer, eine große, ein großes
- Großeltern (Pl.), die   131
- grün, der/die/das grüne..., ein grüner, eine grüne, ein grünes 66, 67, 102 (Wortdiktat 97/153 u. 113/155)
- gründlich, der/die/das gründliche..., ein gründlicher, eine gründliche, ein gründliches   135
- Gruselfilm, der   141
- Grüße (Pl.), der Gruß 134 (Antwort 136/158)
- Gurke, die   100, 106, 109
- Gürtel, der   114
- gut, der/die/das gute..., ein guter, eine gute, ein gutes   59, 79, 80, 106, 111, 115, 121, 122, 140

H / h
- haben, ich habe, 62, 69, 74, 76, 77, 80, 86, 88, 89, 92, 101, 102, 108, 112 etc.

- Haken, der 39, 76 (Mindmap 48/148)
- halb, der/die/das halbe..., ein halber, eine halbe, ein halbes 137
- Halbzeit, die 69
- hallo 121, 122, 123, 126, 140
- Hals, der 42, 119 (Schreibanlass 43/148)
- Haltestelle, die 18
- Hamburg, (das) 134 (Wortdiktat 97/153)
- Hamster, der 70
- Hand, die 25, 50, 119 (Schreibanlass 43/148)
- Handy, das 105
- harken, ich harke, 79
- hart, der/die/das harte..., ein harter, eine harte, ein hartes 101
- Hase, der 20, 26, 143 (Schreibanlass 43/148, Wortdiktat 97/153)
- Haube, die 27, 29
- hauen, ich haue, 77, 102
- Hauptstraße, die 121, 122, 124
- Haus, das 28, 36, 40, 95, 122, 123, 126, 135
- Haushaltshilfe, die 135
- Haustür, die (Mindmap 48/148)
- Hebel, der 39, 44 (Schreibanlass 43/148)
- Heft, das 66, 67, 82, 104 (Wortdiktat 113/155)
- Heimwerkermagazin, das 141 (Vorschlag 7.2.4 140/ 159)
- heiraten, ich heirate, 141
- heißen, ich heiße, 130, 132 (Vorschlag 7.2.4 140/ 159)
- helfen, ich helfe, 122, 130, 135, 140
- Hemd, das 86, 102, 109
- Herr, der 134 (Vorschlag Antwort 136/158)
- herum 122
- herunterladen, ich lade etwas herunter, 105
- Herz, das 102, 110, 137 (Wortdiktat 113/155)
- Heu, das 29 (Wortdiktat 97/153 u. 113/155)
- Heugabel, die 56, 135
- heulen, ich heule, 81
- heute 94, 111, 128/157, 134, 137, 141
- heutig, der/die/das heutige..., ein heutiger, eine heutige, ein heutiges 141
- hinaus 122
- hindurch 122
- hinein 121
- hinter 69
- Hinterseite, die 121, 122
- hoch, der/die/das hohe..., ein hoher, eine hohe, ein hohes 74, 86, 101, 122 (Wortdiktat 97/153)
- Hof, der 84, 85, 88, 111
- holen, ich hole, 108
- Holz, das 135
- Honig, der 115
- hören, ich höre 36, 40, 83, 88, 101, 108, 125 (Wortdiktat 113/155)
- Hose, die 12, 13, 15, 32, 70, 76, 110, 135 (Vorschlag Reim 127/157)
- Hotel, das 70, 122
- hübsch der/die/das hübsche..., ein hübscher, eine hübsche, ein hübsches 88
- Hubschrauber, der 63, 72, 83
- Hüfte, die 104, 107
- Hund, der 105, 124
- Hundeschwanz, der 65
- Hunger, der 102, 125
- Hupe, die 27, 127
- hüpfen, ich hüpfe, 93, 122
- Hürde, die 106, 109
- husten, ich huste, 119
- hüten, ich hüte, 69, 135

I / i

- ich 42, 43, 62, 74, 76, 77, 79, 80, 82, 83 etc.
- Igel, der Antwort 41/148 (Schreibanlass 43/148)
- Iglu, der (das) 11, 13, 15, 61, 110, 114
- in der Lage sein, ich bin in der Lage, 134
- in, in die, in dem = im, in das = ins 31, 42, 46, 71, 74, 77, 79, 80, 82, 86, 88, 104, 105, 121 etc.
- Instrumente, das Instrument (Mindmap 48/148)
- ist = sein
- italienisch, der/die/das italienische..., ein italienischer, eine italienische, ein italienisches 135

J / j

- ja 41, 54, 55, 102 (Wortdiktat 97/153)
- Jacke, die 12, 13, 15
- Jahr, das 130 (Vorschlag 132/157)
- jeder, jede, jedes 77, 80, 135, 140, 141 (Wortdiktat 97/153)
- jemand 82 (Vorschlag Antwort 136/158)
- jetzt 77, 122, 130, 137
- Juli, der 27 (Wortdiktat 97/153)
- jung, der/die/das junge..., ein junger, eine junge, ein junges 141 (Vorschlag 7.2.4 b 140/158)
- Junge, der 55, 132, 144 (Wortdiktat 97/153)
- Jüngste, der/die 132
- Juni, der 26, 27 (Vorschlag Schreibanlass 71/150 und Wortdiktat 97/153)

K / k

- kalt, der/die/das kalte..., ein kalter, eine kalte, ein kaltes 88, 94, 111, 112 (Wortdiktat 113/155)
- Kamel, das 12, 13, 15, 76, 79, 105 (Schreibanlass 43/148)
- Kamin, der 37, 44, 77, 9, 127 (Schreibanlass 43/148)
- Kanon, der 77, 80, 112
- Karawane, die 94, 114
- Karte, die 69

- Kasper, der 73
- kaufen, ich kaufe, 36, 42, 74, 76, 80, 86, 89, 95, 100, 102, 106, 110 etc.
- keiner, keine, kein 69, 80, 108, 137 (Wortdiktat 113/155)
- Kerze, die 85, 86, 107, 109, 119
- Keule, die 28 (Wortdiktat 97/153)
- Kilo, das 27, 76, 110
- Kinder (Pl.), das Kind 54, 71, 81, 82, 94, 100, 102, 108, 109
- Kindergarten, der 108, 126, 130
- Kino, das 27, 42, 76, 83, 123, 124, 111
- Kirche, die 42, 92, 122
- Kirsche, die 49, 60
- Kiwi, die 24, 26, 34, 40, 41, 76, 95 (Schreibanlass 43/148)
- klauen, ich klaue, 141
- Kleider (Pl.), das Kleid 57, 77, 80, 88, 91 135
- Kleiderbügel, der 56, 61
- Kleiderschrank, der 51
- Kleidung, die 124 (Vorschlag 7.1.3 c 124/157)
- klein, der/die/das kleine..., ein kleiner, eine kleine, ein kleines 53,55,57,77,96,102,115,130,135
- Kleingartenverein, der 122
- Klingel, die 64 (Mindmap 48/148)
- klingeln, ich kling(e)le 52, 61, 95, 112
- Klingelton, der 105
- Klinke, die 47, 60, 144
- Klo, das (Mindmap 48/148)
- klopfen, ich klopfe, 102
- Knabe, der 47, 85, 93 (Mindmap 48/148)
- Knöchel, der 50, 78, 82, 106
- Knochen, der 50, 54, 70, 78, 100
- Knoten, der 70
- Koch, der 83, 95, 126, 135
- kochen, ich koche 35, 40, 42, 52, 88, 92, 95, 101, 108
- Köcher, der 106
- Köchin, die 106, 107, 135
- Köln, (das) 108 (Wortdiktat 97/153)
- kommen, ich komme 121, 122, 123
- König, der 105, 109
- können, ich kann, 43, 54, 122, 124, 125, 140
- Kontinent, der 85
- Kontoauszug, der 108
- Kopf, der 107
- Körbe (Pl.), der Korb 106
- Körner (Pl.), das Korn 106 (Wortdiktat 113/155)
- Körper, der 106 (Überschrift 25, 50, 78, 118, 137)
- kosten, etwas kostet, 53, 102
- köstlich, der/die/das köstliche..., ein köstlicher, eine köstliche, ein köstliches 74, 101, 115, 124, 135

- Krake, die (der) 46, 60, 109
- Kranich, der 46, 109
- krank, der/die/das kranke..., ein kranker, eine kranke, ein krankes 53, 55, 77, 89, 96 (Wortdiktat 113/155)
- Krankenhaus, das 56,57,58,66,67,78,112, 117/156
- Krankenwagen, der 117/156, 142
- Krankheit, die 109
- Kranz, der 47, 64 (Wortdiktat 97/153)
- kraulen, ich kraule 122
- Kraut, das 57 (Vorschlag Schreibanlass 71/150, Wortdiktat 113/155)
- Kreide, die 57
- Kreuz, das 57 (Wortdiktat 97/153 u. 113/155)
- Kreuzung, die 82, 121
- Krimi, der 140,141(Vorschlg.Schreibanlass 71/150)
- Krokodil, das 46, 54, 101, 109
- Krone, die 105, 109
- Kröte, die 105
- Krümel, der 96
- Kruste, die 73, 101
- Küche, die 42, 84, 106, 108, 112, 141 (Mindmap 48/148)
- Kuchen, der 74, 109, 124, 128/157
- Küchenutensilien (Pl.), die -utensilie (M. 48/149)
- Kugel, die 39
- Kugelschreiber, der 77, 82, 101, 108
- Kühe (Pl.), die Kuh 20, 105, 109, 130 (Schreibanlass 43/148)
- Küken, das 105
- Kultur, die 122, 123, 124
- Kulturmagazin, das 141
- Kulturverein, der 123
- Kunde, der 82
- Kür, die 104 (Wortdiktat 113/155)
- Kürbis, der 106, 107
- kurz, der/die/das kurze..., ein kurzer, eine kurze, ein kurzes 53, 55, 102, 121, 122 (Wortdiktat 97/153 u. 113/155, Überschrift 99, 117)
- Kürze, die 101
- Kusine, die 130, 131

L / l
- lachen, ich lache, 61, 82, 109, 117/156, 137 (Wortdiktat 97/153)
- Laminat, das 37, 38
- Lampe, die 47, 85, 144 (Mindmap 48/148)
- Land, das 46, 71, 78, 95, 105, 108
- landen, ich lande, 83, 101
- Landwirt, der 135
- Landwirtin, die 135
- lang(e), der/die/das lange..., ein langer, eine lange, ein langes 53, 55, 77, 80, 83, 102

(Überschrift 99, 100, 110) etc.
- Lanze, die 87
- lassen, ich lasse, er lässt, 119
- Laub, das 79
- Lauch, der 85
- laufen, ich laufe, 105, 109, 111, 122
- Laus, die 42 (Schreibanlass 43/148)
- laut, der/die/das laute..., ein lauter, eine laute, ein lautes 82, 105, 111 (Wortdiktat 97/153 u. 113/155)
- lauten, etwas lautet, 71
- Lawine, die 94
- leben, ich lebe, 66, 67, 86, 88, 92, 130, 132
- Lebensmittel, das 125
- legen, ich lege, 92
- leicht, der/die/das leichte..., ein leichter, eine leichte, ein leichtes 53, 55, 141 (Wortdiktat 113/155)
- leider 62, 69, 89, 90, 111, 140
- Leine, die 29
- leise, der/die/das leise..., ein leiser, eine leise, ein leises 82, 137 (Wortdiktat 97/153)
- Leiter, die 135
- lernen, ich lerne, 89, 95, 124, 125
- lesen, ich lese, 42, 82, 83, 86, 88, 95, 109
- Leser, der 140
- letzt, der/die/das letzte..., ein letzter, eine letzte, ein letztes 87
- leuchten, ich leuchte, 91
- Leuchter, der 57, 61, 63 (Wortdiktat 97/153)
- Leute (Pl.), die 29, 36, 69, 87, 140
- Licht, das 81, 112 (Wortdiktat 97/153)
- Lichtschalter, der 61, 82
- Limo, die 23, 24
- Limonade, die 33, 35, 79
- Limone, die 33 (Schreibanlass 43/148)
- Linie, die 69
- links 69, 82, 112, 121, 122 131/157
- Linse, die 106
- Liter, der 18/147, 91
- Loch, das 77, 102
- losgehen, ich gehe los, 137
- Lötkolben, der 61, 72
- Löwe, der 12, 13, 15, 20, 26, 31, 32, 42, 65, 104
- Luft, die 46, 83
- Lüge, die 104
- Lunge, die 119, 137
- Lupe, die 86 (Vorschlag 127/157)

M / m
- machen, ich mache 71, 74, 119, 135, 137, 140
- Macht, die 109 (Vorschlag 109/155)
- Made, die 20, 79 (Schreibanlass 43/148)

- Magen, der 119, 137
- Magenschmerzen (Pl.), die 118
- mal 82, 88, 91
- Mal, das 126
- malen, ich male, 35, 42, 95 (Wortdiktat 97/153)
- Maler, der 135
- Malerin, die 135
- Malermeister, der 135
- Mama, die 27 (Mindmap 48/148)
- manchmal 130
- Marinade, die 33 (Schreibanlass 43/148 u. Wortdiktat 97/153)
- Markt, der 123, 124 (Vorschlag 7.1.3 b 123/156)
- Marktplatz, der 122 (Vorschlag 7.1.3 b 123/156)
- Marmelade, die 33, 90, 91 (Schreibanlass 43/148)
- Maurer, der 135
- Maurerin, die 135
- Maus, die 29, 44, 79, 103 (Schreibanlass 43/148)
- mehr 137 (Vorschlag 140/159)
- mein, meine 49, 66, 67, 79, 80, 82, 88, 89, 94, 95
- Meinung, die 126
- Meise, die 20, 26, 29, 42, 79, 122
- Meisenweg, der 121, 122
- melken, ich melke, 130, 135
- Melone, die 33 (Schreibanlass 43/148)
- Menge, die 88
- Mensch, der 80, (Wortdiktat 97/153, Vorschlag 140/159)
- Meter, der 121, 122 (Vorschlag 18/147)
- Metzger, der 107
- Meute, die 29, 81
- mich 87, 102, 119, 125, 134, 137
- Milch, die 49, 80, 83, 110, 112, 115 (Wortdiktat 113/155)
- minus 80
- Minute, die 74, 101, 111
- mir 74, 80, 82, 89, 91, 92, 107, 111, 121, 134 etc.
- mit 31, 74, 75, 85, 88, 108, 115, 119, 130 134 etc.
- Mittagessen, das 125
- Mixer, der 39, 44, 64, 144 (Schreibanlass 43/148 und Mindmap 48/148)
- Möbel, das 43, 105, 135, 140, 141 (Wortdiktat 97/153)
- Mode, die 140, 141 (Wortdiktat 97/153)
- Modehaus, das 123, 126 (Vorschlag 7.1.3 b 123/156)
- Moderatorin, die 141
- modern, der/die/das moderne..., ein moderner, eine moderne, ein modernes 124, 135
- Modesendung, die 140
- modisch, der/die/das modische..., ein modischer, eine modische, ein modisches 124, 141
- mögen, ich mag, 34, 49, 71, 76, 80, 92, 93, 100, 105, 108 etc.

- Möglichkeit, die 140
- Monat, der 80, 137
- Mond, der 79, 100
- Monster, das 141, 142
- morgen 88, 92, 112, 137
- Morgen, der 137
- morgens = am Morgen 91, 106, 108, 110
- Mörtel, der 106, 135
- Möwe, die 28, 65, 93
- müde, der/die/das müde..., ein müder, eine müde, ein müdes 108
- Mühe, die 69
- Muli, der 17 (Schreibanlass 43/148)
- München 80, 114 (Vorschlag 18/147)
- Mund, der 12, 13, 15, 79, 100, 119 (Schreibanlass 3/148)
- Muschel, die 81 (Wortdiktat 97/153)
- Museum, das 122 (Vorschlag 7.1.3 c 124/157)
- Musik, die 88, 105, 108, 125
- Muskel, der 50
- Muskelkater, der 92, 118
- Müsli, das 49, 107
- müssen, ich muss, 108, 137
- Mutter, die 130, 132 (Vorschlag 7.1.3 d 126/157)
- Mütze, die 107, 109

N / n
- nach 81, 82, 94, 106, 112, 119, 121, 122, 126, 137
- nach Hause 137
- Nachbar, der 37, 38, 74, 78 (Mindmap 48/148)
- Nachbarin, die 111
- Nachbarland, das 86, 94
- Nachname, der 130
- Nachrichten (Pl.), die 140, 141(Wortdiktat 97/153)
- Nachrichtensendung, die 141
- nächst(er, e, es) (von *nah*), der/die/das nächste..137
- Nacht, die 79
- Nachtisch, der 115
- nachts = in der Nacht 82, 83
- Nadel, die 39, 41, 92 (Mindmap 48/149 und Wortdiktat 97/153)
- Nagel, der 39, 64, 109, 141, 144 (Mindmap 48/149 und Wortdiktat 97/153)
- Name, der   21, 22, 49, 71, 84, 130, 134
- Nase, die 25, 26, 42, 79, 87 (Schreibanlass 43/148)
- Nashorn, das 80
- Natur, die 81, 106 (Überschrift 20, 46, Wortdiktat 97/153)
- neben 49, 69, 126
- nebenan 130
- nein 41, 54, 55, 119 (Wortdiktat 97/153)
- Nest, das 105, 109
- neu, der/die/das neue..., ein neuer, eine neue, ein neues 74, 83, 88, 91, 94, 100, 108, 111
- neun 29, 35, 80, 130, 132
- neust(e, er, es, en) (von *neu*), der/die/das neuste...
- nicht 62, 71, 82, 90, 105, 108 117/156 etc.
- Nichte, die 130
- nichts 140
- noch 49, 87, 95, 101, 111, 130, 132
- Note, die 12, 13, 15, 79, 101 (Wortdiktat 97/153)
- Nudel, die 76, 95, 101, 106, 108, 109 (Wortdiktat 97/153)
- Nudelsalat, der 139
- nun 69, 113, 119, 121, 122, 140
- nur 87, 92, 102, 103, 109 117/156 128/157

O / o; Ö / ö
- o.k. 137, 141
- Oase, die 80, 94
- oben 95
- Ober, der 86, 124
- Oberkörper, der 51
- Oberschenkel, der 51, 118
- Obst, das 125, 135
- oder 49, 80, 113, 115, 119, 125, 140
- Öfen (Pl.), der Ofen 135
- oft 74, 87, 108
- Ohr, das 11, 13, 15
- ökologisch, der/die/das ökologische..., ein ökologischer, eine ökologische, ein ökologisches 105, 107, 116, 125 (Vorschlag 7.1.3. c 125/157)
- Öl, das 11, 15, 23, 24, 40, 80, 90, 135 (Schreibanlass 43/148)
- Oma, die 40, 42, 54, 70, 77, 88, 100, 105, 109, 111, 130, 132 etc.
- Onkel, der 130, 131/157, 142, (Antwort 132/158)
- Opa, der 21, 22, 40, 42, 54, 80, 82, 83, 86, 88, 105, 130
- Oper, die 86, 121, 122 (Vorschlag 7.1.3 a 121/156 und 7.1.3 c 124/157)
- ordentlich, der/die/das ordentliche..., ein ordentlicher, eine ordentliche, ein ordentliches   135
- Ordnung, die   137
- Oregano, der   33, 95, 106, 109 (Schreibanlass 43/148)
- Ort, der 126, 134
- Öse, die 21, 22 (Mindmap 48/149)
- Ozean, der 92, 94

P / p; Pf / pf
- Paket 82, 85, 87 (Wortdiktat 97/153)
- Palme, die 80
- Panda, der 80, 86
- Papa, der 27 (Mindmap 48/148)
- Paprika, der 49, 66, 67, 86, 90
- Paris, (das) 141 (Vorschlag 7.2.4. b 140/159)

- Park, der 42, 83, 123 (Wortdiktat 97/153)
- Parkplatz, der 18
- Pauke, die 28, 77, 109 (Mindmap 48/148)
- Pause, die 28
- PC, der (=Computer) 141 (Vorschlg.7.2.4 b140/159)
- Pech, das 69
- peinlich, der/die/das peinliche..., ein peinlicher, eine peinliche, ein peinliches 128/157
- perfekt, der/die/das perfekte..., ein perfekter, eine perfekte, ein perfektes 106
- Personen (Pl.), die Person 55, 115, 130, 132, 134 (Mindmap 48/148)
- Pfanne, die 12 (Schreibanlass 43/148)
- Pfeil, der 30, 106
- Pferd, das 110, 130 (Vorschlag 7.2.1 d 132/158)
- Pfirsich, der 115 (Vorschlag 139/158)
- Pflaume, die 105 (Vorschlag 139/158)
- Pflaumenkuchen, der 117/156 (Vorschlag 139/158)
- Pilgerweg, der 120, 121 (7.1.3 a 121/156, c 125/157)
- Pilot, der 111, 141
- Pilotin, die 130, 132 (Vorschlag 7.2.1 d 132/158)
- Pilz, der 13, 15, 85 114 (Schreibanlass 43/148)
- Pinsel, der 135
- Pirsch, die 141
- Plastiktüte, die 98
- Platz, der 122, 126 (Vorschlag 7.1.3 d 126/157)
- Po, der 25, 32, 41, 109 (Schreibanlass 43/148)
- pochen, etwas pocht, 102 (Wortdiktat 97/153)
- Polen, (das) 78. 86
- Polizei, die 28, 101
- polnisch, der/die/das polnische..., ein polnischer, eine polnische, ein polnisches 135
- Post, die 87, 122 (Wortdiktat 97/153 u. 113/155)
- Praline, die 49
- Preis, der 86, 114 (Wortdiktat 97/153)
- prima 87, 114, 116
- Prinzenstraße, die 121, 122 (Vorschlag 7.1.3 b 123/156 und c 125/157)
- Problem, das 108, 140
- Puma, der 31, 100
- pünktlich, der/die/das pünktliche..., ein pünktlicher, eine pünktliche, ein pünktliches 80, 116
- Pute, die 20, 26 (Schreibanlass 43/148)
- putzen, ich putze, 84, 93, 102, 112, 135

Q / q
- quaken, ich quake, 105
- qualmend, der/die/das qualmende... usw. 88, 89
- Quark, der 115
- Quarkspeise, die 93, 95 115, 145
- Quelle, die 12, 13, 15

R / r
- Rabe, der 20 (Schreibanlass 43/148)
- Radaktion, die 140 (Vorschlag 7.2.4 b 140/159)
- Radio, das 37, 38, 101, 108, 111 (Schreibanlass 43/148)
- rasch 135
- Rasen, der 69
- rasen, ich rase, 69, 94, 105
- raten, ich rate jdm etwas zu tun (7.2.4 b 140/159)
- raten, ich rate, 141
- Ratequiz, das 141, 142
- Rathaus, das 121, 122, 142 (Vorschlag 7.1.3 c 124/157)
- Rathaustür, die 141
- Rathausturm, der 121
- Rauch, der 12, 13, 15, 119
- Rauke, die 23, 24, 26, 29, 76 (Schreibanlass 43/153 und Vorschlag Schreibanlass 71/150)
- Räume (Pl.), der Raum 77 (Wortdiktat 113/155 und Mindmap 48/148)
- Raupe, die 29, 31, 41, 85 (Schreibanlass 43/148 u. Wortdiktat 97/153)
- Raute, die 29
- rechter, rechte, rechtes 69
- rechts 82, 112, 121, 122 (Wortdiktat 113/155)
- Redakteur, der 140
- Regal, das 37, 38 (Schreibanlass 43/148 und Wortdiktat 97/153)
- Regen, der 111 (Wortdiktat 97/153)
- Regenschirm, der 56, 63, 72, 108
- Region, die 141
- Rehe (Pl.), das Reh 63, 110, 111
- Reibe, die 21, 22 (Mindmap 48/148)
- reimen, etwas reimt sich, 127 (Überschrift 119)
- reinigen, ich reinige, 84
- Reinigungskraft, die 135
- Reis, der 23, 24, 35, 42, 95, 108 (Schreibanlass 43/148)
- reisen, ich reise, 109
- reiten, ich reite, 76
- Reiter, der 70
- Restaurant, das 134
- Reuse, die 29 (Wortdiktat 97/153)
- Rezept (Überschrift 115)
- Rezeption, die 137
- richtig, der/die/das richtige..., ein richtiger, eine richtige, ein richtiges 140, 141 (Überschrift 107)
- Ringe, der Ring 66, 67, 70
- Ringstraße, die 121, 122
- rosa, der/die/das rosa..., ein rosa, eine rosa, ein rosa 76
- Röschen, das 73
- Rose, die 28, 32, 100
- Rosine, die 33, 43 (Schreibanlass 43/148)

- rot, der/die/das rote..., ein roter, eine rote, ein rotes 89, 100, 119, 134 (Wortdiktat 113/155)
- Rübe, die 123 (Vorschlag 7.1.3 c 125/57)
- Rüde, der 105
- Ruder, das 92, 127
- rufen, ich rufe, 86, 91, 101, 109, 117/156 (Wortdiktat 97/153)
- ruhig, der/die/das ruhige..., ein ruhiger, eine ruhige, ein ruhiges 79, 125
- russisch, der/die/das russische..., ein russischer, eine russische, ein russisches 135

S / s
- Saft, der 88, 91, 115 (Wortdiktat 97/153)
- sagen, ich sage, 117/156, 119, 132, 137 (Wortdiktat 97/153)
- Salat, der 76 (Wortdiktat 97/153)
- Sau, die 20, 32, 77, 109 (Schreibanlass 43/148)
- sauber, der/die/das saubere..., ein sauberer, eine saubere, ein sauberes 135
- saugen, ich sauge, 84
- Schachtel, die 70, 90
- Schaf, das 12,15,31,70,130 (Schreibanlass 43/148)
- Schal, der 109
- schal, der/die/das schale..., ein schaler, eine schale, ein schales 119
- Schale, die 21, 22, 73, 115 (Mindmap 48/148)
- schalten, ich schalte (etwas an oder aus), 74
- schauen, ich schaue 71, 88, 93, 111, 140, 141
- Schaufenster, das 66, 67, 70, 94, 95
- Schaukel, die 29, 109 (Wortdiktat 97/153)
- Schaum, der 29, 109 (Wortdiktat 97/153)
- Scheidung, die 141
- Scheine, der Schein 28 (Wortdiktat 113/155)
- schenken, ich schenke, 82
- Schere, die 21, 22, 26, 32, 95, 135
- Scheune, die 27, 29
- Schimpanse, der 102
- schlafen, ich schlafe, 52, 54, 61, 80, 82, 93, 125
- Schlaf, der (Wortdiktat 97/153 und 113/155)
- Schlange, die 46, 83, 96
- schlank, der/die/das schlanke..., ein schlanker, eine schlanke, ein schlankes 53, 82, 114
- Schlauch, der 47, 57, 109, 144
- schmal, der/die/das schmale..., ein schmaler, eine schmale, ein schmales 53, 55
- Schmerz, der 102, 117/156 (Antwort 138/158)
- schmerzen, etwas schmerzt, 82, 106, 119
- Schnabel, der 86
- schnarchen, ich schnarche, 54, 82, 83, 109
- schneiden, ich schneide, 52, 57, 115
- Schneider, der 135
- Schneiderei, die 135
- Schneiderin, die 135
- schneidern, ich schneidere, 135
- Schokolade, die 33, 36, 62, 74, 83, 93, 101, 143
- Schokoladeneis, das 33, 42
- schon 69, 80, 119, 121, 122
- schön, der/die/das schöne..., ein schöner, eine schöne, ein schönes 74, 77, 88, 101, 105, 112, 122, 135, 141
- Schrank, der 59, 63, 74, 80
- Schraube, die 63
- Schreiben, das (Vorschlag Antwort 136/158)
- schreiben, ich schreibe, 43,54,59,63,74,94,95,104
- schreien, ich schreie, 58
- schüchtern, der/die/das schüchterne..., ein schüchterner, eine schüchterne, ein schüchternes 141
- Schüchternheit, die 141(Vorschlag7.2.4b 140/159)
- Schuhe (Pl.), der Schuh 81, 100
- Schule, die 71, 74, 95 (Vorschlag 7.1.3 d 126/157)
- Schüler, der 66, 67, 104, 108
- Schulter, die 102
- Schürze, die 106
- schützen, ich schütze, 92, 106
- schwach, der/die/das schwache..., ein schwacher, eine schwache, ein schwaches 53, 55, 73, 82, 116 (Wortdiktat 113/155)
- Schwalbe, die 46, 65, 103
- Schwangerschaft, die 56, 144
- Schwarzbrot, das 49, 56, 63, 65, 85, 100
- schweben, ich schwebe, 83, 111
- Schwein, das 46, 54, 58, 65, 82, 96, 103
- schwer, der/die/das schwere..., ein schwerer, eine schwere, ein schweres 53, 55, 67, 82, 106, 112, 116
- Schwester, die 47, 65, 80, 109, 112, 128/157, 130
- Schwur, der 65 (Wortdiktat 97/153)
- sehen, ich sehe, 79, 80, 86, 94, 101, 121, 124, 130, 140 (Vorschlag 109/155)
- sehr 134,140 (Vorschlag 7.2.2 136/158 u. 7.2.4 b 140/159)
- Seide, die 27
- Seife, die 12, 13, 15, 28, 87 (Mindmap 48/148)
- Seilspringen, das 141 (Vorschlag 7.2.4 b 140/159)
- sein, ich bin, du bist, er ist, wir sind, ihr seid, sie sind 41, 42, 49, 55, 62, 64, 69, 71, 77, 82, 108, 111, 112, 121
- sein, seine 82,106,111,130, 32(Wortdiktat113/155)
- Seite, die 27, 69, (Vorschlag 7.1.3 b 123/156)
- selbst 123, 140 (Vorschlag 7.1.3 b 123/156)
- Sendung, die 140
- Senior, der 141
- Serengeti, die 80
- setzen, ich setze mich, 125
- sich 69, 74, 93, 102, 122, 127

- sicher, der/die/das sichere..., ein sicherer, eine sichere, ein sicheres   111
- Sicherheit, die   137
- sie   49, 85, 100, 102, 128/157, 130, 134, 137
- Sie (Anrede) 83, 115, 119, 121, 122, 140, 141
- Silbenbogen, der   56
- singen, ich singe,   77, 80, 112
- sitzen, ich sitze,   74, 89
- Soda 35
- Sofa, das 21, 22, 26, 32, 42, 88 (Mindmap 48/148)
- sofort   74, 92 (Wortdiktat 97/153)
- solch, solche 102
- solide, der/die/das solide..., ein solider, eine solide, ein solides   135
- sollen, ich soll, 141
- Sonderangebot, das 98
- Sorge, die 137, 141
- spanisch, der/die/das spanische..., ein spanischer, eine spanische, ein spanisches   135
- Spargel, der   73 (Wortdiktat 97/153)
- spät, der/die/das späte..., ein später, eine späte, ein spätes   111
- Spechtweg, der 121, 124(Vorschlag 7.1.3a 123/156)
- Spinat, der   73
- Spirale, die   12, 15, 73
- Spitze, die   119 (Wortdiktat 97/153)
- Sport, der 75,100,109,119,140 (Wortdiktat 97/153)
- Sportler, der 106
- Sportplatz, der 122, 123
- Sportsendung, die 141
- Sprache, die 74 (Wortdiktat 97/153)
- sprechen, ich spreche, 52, 54, 74, 82, 112,124,134
- Sprechstunde, die 141
- springen, ich springe 52, 63, 66, 67, 74, 106, 109
- Spritze, die 75, 109, 119, 137
- Spüle, die 21, 22, 26, 143 (Schreibanlass 43/148)
- spülen, ich spüle, 109
- Spüli (Eigenname), das 90
- Spülmaschine, die 127
- spüren, ich spüre, 119
- stabil, der/die/das stabile..., ein stabiler, eine stabile, ein stabiles 104, 135
- Stadt, die 64, 122 (Vorschlag 7.1.3 c 124/157)
- Stadtbuch, das (Überschrift 126)
- Stadtplan, der (Überschrift 121)
- Stand, der   69
- Star, der   141
- stark, der/die/das starke..., ein starker, eine starke, ein starkes 53, 55, 73, 102, 106, 116 (97/153)
- Starmagazin, das   141
- Stau, der 73, 114 (Wortdiktat 97/153)
- Staub, der   84

- Staubsauger, der 37 (43/148 und 48/148)
- stehen, ich stehe, 74, 83, 121 128/157 (97/153)
- Steine (Pl.), der Stein 28, 74, 135 (97/153)
- Stereoanlage, die   37, 51, 94 (48/148)
- Stern, der 12, 15, 73
- stets   88
- Stift, der 74
- Stirn, die 119
- Storch, der 102
- stören, ich störe, 102 (Wortdiktat 113/155)
- Strand, der 81
- Straße, die   108, 121, 122, 134
- streichen, ich streiche, 80, 135
- Streit, der 74
- streng, der/die/das strenge..., ein strenger, eine strenge, ein strenges 89
- Streusel, der 74 (Wortdiktat 97/153)
- Streuselkuchen, der 49, 77
- Strich, der 55
- Strom, der 74
- Strumpf, der (Wortdiktat 97/153)
- Strumpfhose, die 102, 107
- Stube, die 143 (Mindmap 48/148)
- Stufe, die 28 (Wortdiktat 97/153)
- Stunde, die   74, 101, 137, 141
- Stürmer, der 69, 72
- Stute, die 20, 26 (Schreibanlass 43/148)
- suchen, ich suche (Überschrift 32, 38, 59) 64, 79, 81, 94, 106, 134, 140
- super   32, 82, 89, 102, 140, 141
- Supermarkt, der   42, 95, 111, 122, 123

T / t
- Tafel, die   12, 13, 15, 66, 93 (Wortdiktat 97/153)
- Tag, der 71, 121, 122, 123, 125, 128/157 137, 140
- Tankstation, die 135
- Tankwart, der 135
- Tankwartin, die 135
- Tansania, (das)   141
- Tante, die 130, 131/157, 132,142 (7.2.1 d 132/157)
- tanzen, ich tanze, 92, 95 (Schreibanlass 71/150, Wortdiktat 97/153)
- Tapete, die 37, 86, 143
- Tasche, die 32, 55, 82
- Taschenlampe, die   91, 95, 127
- Taube, die 30, 106 (Wortdiktat 97/153)
- tauchen, ich tauche, 92, 114 (Wortdiktat 97/153)
- Taucherbrille, die 95
- Taxi, das   26, 91, 125 (Vorschlag 7.1.3 d 126/157)
- Taxistand, der (Vorschlag 7.1.3c 124-125/157)
- teilen, ich teile   69

- Telefon, das   37, 38, 40, 112 (Wortdiktat 97/153)
- teuer, der/die/das teure..., ein teurer, eine teure, ein teures   58, 59 (Wortdiktat 97/153)
- Thema, das   127 (Überschrift 46, 50, 117, 118, 127, 137)
- Tier, das 31, 43, 141 (Überschrift 20, 31, 46, 103)
- Tierdokumentation, die   141
- Tierheim, das   122 (Vorschlag 7.1.3 c 124/157)
- Tiger, der   39, 41, 110 (Schreibanlass 43/148)
- Tisch, der   66, 67, 92 (Schreibanlass 43/148, Mindmap 48/148, Wortdiktat 113/155)
- Tischbein, das   37, 38 (Mindmap 48/148)
- Tischnachbar, der 49
- Tischler, der   91, 95, 105, 109, 130, 135
- Tischlerei, die   135
- Tischlerin, die   135
- Tochter, die   102, 107, 108
- Tofu, der (das)   23, 24, 35, 90, 95 (43/148)
- Tomate, die   33, 36, 62, 89, 91, 108 (43/148)
- Top-, die 57, 129
- Töpfe (Pl.), der Topf 21, 22, 26, 100, 135 (43/148)
- Tor, das 69, 72 (Wortdiktat 113/155)
- Torwart, der 69
- tragen, ich trage, 52, 59, 66, 67, 92, 96, 106
- Tragetasche, die   47, 92, 95, 145
- Traktor, der   135
- Trampolin, das   47, 93, 109 (Wortdiktat 97/153)
- Trauung, die   92
- Triangel, der   47, 60, 109 (Mindmap 48/148)
- trinken, ich trinke, (Überschrift 23, 33, 49, 139) 35, 40, 54, 71, 88, 96 etc.
- tun, ich tue   71, 132
- Tür, die   92, 102, 105, 128/157 (Wortdiktat 113/155)
- türkisch, der/die/das türkische..., ein türkischer, eine türkische, ein türkisches   135
- Turm, der (Wortdiktat 97/153)
- Tüte, die   23, 24, 112
- TV-Kabel, das   61, 86

U / u; Ü / ü
- über 82, 106, 108, 122, 124, 125, 130, 134, 141
- überhaupt nicht 71, 82
- überholen, ich überhole, 105, 108
- übernachten, ich übernachte, 125
- überqueren, ich überquere, 121, 122
- Übung, die 11, 15, 89, 104, 107
- Uhr, die 101, 112, 128/157, 137, 140
- Uhrzeit, die 94
- Uhu, der   11, 13, 15, 20, 31, 41, 66
- Umgang, der   134
- unbedingt 126, 134
- und 42, 43, 46, 54, 69, 71 (Überschrift 20, 23, 32, 33) etc.

- undeutlich, der/die/das undeutliche..., ein undeutlicher, eine undeutliche, ein undeutliches   77
- unheimlich, der/die/das unheimliche..., ein unheimlicher, eine unheimliche, ein unheimliches   141
- uns 69, 94, 140 (Vorschlag 7.1.3 d 126/157)
- unser, unsere 69, 74, 77, 92, 108, 117/156, 141
- unter 86
- Unterricht, der 108
- Unterscheidung, die (Überschrift 73, 76, 79, 81 etc.)
- Unterschenkel, der   56
- untersuchen, ich untersuche, 117/156, 119
- Urlaub, der 71

V / v
- Vater, der 130, 131, 132
- Verband, der   119
- Versichertenkarte, die 137
- verstehen, ich verstehe, 74
- Vogel, der   12, 13, 15, 86, 88 (Schreibanlass 43/148)
- Vogelscheuche, die 57, 95
- Vogelschnabel, der 51
- von, vom, von der 83, 121, 122, 123, 125, 126, 132
- vor, vorm, vor der 69, 83, 85, 137
- vorbei 121, 122
- vorn 144
- Vorname, der   130
- vorschlagen, ich schlage vor, 122 (Vorschlag 7.1.3 b 123/156 und 7.1.3 c 124/157)
- Vorsicht, die 79

W / w
- Wade, die   25, 26, 32, 41, 92 (43/148)
- Wal, der 65, 72 (Wortdiktat 97/153 u. 113/155)
- Wald, der 95
- Wand, die 85, 94, 135
- wandern, ich wandere, 94, 121
- Wanze, die 94
- warm, der/die/das warme..., ein warmer, eine warme, ein warmes 77, 83, 119
- warten, ich warte, 69, 95, 102, 108, 137, 140
- warum 80, 132, 137
- was 71, 83, 119, 127, 132, 137, 140, 141 (Überschrift 62, 90, 109) etc.
- waschen, ich wasche, 91, 95, 11
- Waschmaschine, die 37, 38, 51, 94, 127, 135 (43/148)
- Wasser, das 46, 82
- Weg, der 55, 91, 93, 110, 121, 140, 141
- Weide, die 29, 66, 67, 105, 110
- weiden, ein Tier weidet, 80
- weil 82 (Wortdiktat 97/153, Vorschlag 7.1.3 d 126/157 und Antwort 132/157)

- Weile, die 95
- Wein, der 23, 24, 41, 92, 125
- weinen, ich weine, 54, 94, 117/156
- Weinflasche, die 51
- Weintraube, die 49, 92, 110, 145
- welcher, welche, welches 71, 95, 131, 132, 140 (Überschrift 14, 32, 38, 70) etc.
- Welt, die (Wortdiktat 97/153, Vorschlag 7.2.4b 140/159)
- wenden, ich wende mich, 122
- wenig, wenige 122 (Vorschlag 7.1.3b 123/156)
- wer 83, 89, 102, 112, 132 (Überschrift 62, 84, 131)
- werden, ich werde, 102, 11, 130, 132, 137, 141 (Überschrift 33)
- Wesen, das 141
- Wespe, die 65, 73, 87
- wichtig, der/die/das wichtige..., ein wichtiger, eine wichtige, ein wichtiges 141
- wie 18, 71, 81, 86, 102, 121, 122, 123, 132, 139 etc.
- wieder 102 (Vorschlag 7.1.3b 123/156)
- Wiederholung, die 141 (Überschrift 67)
- wild, der/die/das wilde..., ein wilder, eine wilde, ein wildes 102
- Wimper, die 50
- winken, ich winke, 94, 95
- Winter, der 81, 94, 112, 141 (Vorschlag 7.2.4.b 140/159)
- wir, 34, 40, 42, 101, 104, 106, 108, 111, 122, 124 etc
- Wirbel, der (Wortdiktat 97/153)
- wirken, ich wirke, 89
- wirklich 112, 134
- Wirklichkeit, die (Wortdiktat 97/153)
- wischen, ich wische, 84, 86
- Wischtuch, das 135
- wissen, ich weiß, 137 (Vorschlag 7.2.4b 140/159)
- Witz, der 82 (Wortdiktat 113/155)
- wo 71, 83, 101, 108, 125, 132 (Überschrift 61, 63, 65)
- Woche, die 28
- Wochenende, das 71, 80
- wohin 124, 125
- Wölfe (Pl.), der Wolf 81, 135
- wollen, ich will 141 (Vorschlag 7.1.3d 126/157)
- Wörter (Pl.), das Wort 64, 82, 95, 97, 103, 118 (Überschrift 14, 19, 26, 33) etc.
- wund, der/die/das wunde..., ein wunder, eine wunde, ein wundes 119
- wunderschön, der/die/das wunderschöne..., ein wunderschöner, eine wunderschöne, ein wunderschönes 135
- wünschen, ich wünsche 71, 79, 122

(Schreibanlass 71/150)
- Würfel, der 104
- Wurm, der 12, 13, 15, 65, 93, 102 (Schreibanlass 43/148)
- Würste (Pl.), die Wurst 107, 109, 127
- Wurzel, die 65, 72 (Wortdiktat 97/153)
- Wüste, die 105, 107

X / x
- Xylofon, das 12, 13 (Mindmap 48/148)

Y / y
- Yoga, das 12, 13, 27

Z / z
- Zauberer, der (Wortdiktat 97/153)
- Zaun, der 80, 122
- Zebra, das 88
- Zebrastreifen, der 56, 114
- Zehen (Pl.), die Zehe 12, 13, 15 25, 26, 27, 41, 42, 87, 119
- Zeigefinger, der 118
- zeigen, ich zeige, 112, 130, 141
- Zeit, die 88, 101, 121
- Zeitschrift, die 140
- Zeitung, die 42, 88, 110, 134
- Zitrone 115
- Zitroneneis, das 105
- Zofe, die 28, 48, 88
- Zoo, der 126
- Zorn, der (Wortdiktat 97/153)
- zu Hause (sein) 141
- Zubehör, das (Mindmap 48/148)
- zu, zum, zur 79, 80, 86, 87, 102, 112, 119, 121, 123
- zudem 134
- Züge (Pl.), der Zug 105, 108, 109
- Zügel (Pl.), die (Wortdiktat 97/153)
- Zukunft, die 71, 136
- zumachen, ich mache etwas zu,
- Zündhölzer (Pl.), das Zündholz 107
- zünftig, der/die/das zünftige..., ein zünftiger, eine zünftige, ein zünftiges 125
- Zunge, die 87, 119
- Zusage, die 134
- Zusatzaufgabe, die (Überschrift 31, 83, 95, 109, 115, 126, 127)
- zwanzig 82, 89
- zwei 76, 80, 112, 141 (Wortdiktat 113/155)
- Zweig, der 77
- zweit, zweite 130
- Zwetschge, die 87, 109
- zwischen (Überschrift 73, 76, 79, 81, 85, 87), 122
- zwölf 77, 88, 89, 104, 130

Notizen

Impressum

*Bibliographische Information der Deutschen Bibliothek:
Die Deutsche Bibliothek verzeichnet diese Publikation in der
Deutschen Nationalbibliographie; detaillierte Daten sind im
Internet über* http://dnb.ddb.de *abrufbar.*

© Meike Drittner und Martina Ochs, Norderstedt 2007
Internetadresse: http://www.alpha-basis-projekt.de
Alle Rechte vorbehalten.

Herstellung und Verlag: Books on Demand GmbH, Norderstedt
Redaktion: Meike Drittner, Martina Ochs
© Covergestaltung: Martina Ochs
© Illustrationen: Martina Ochs
Layout: Martina Ochs

Printed in Germany
ISBN: 978-3-8334-8275-5